京津冀
印刷产业协同发展
对策研究

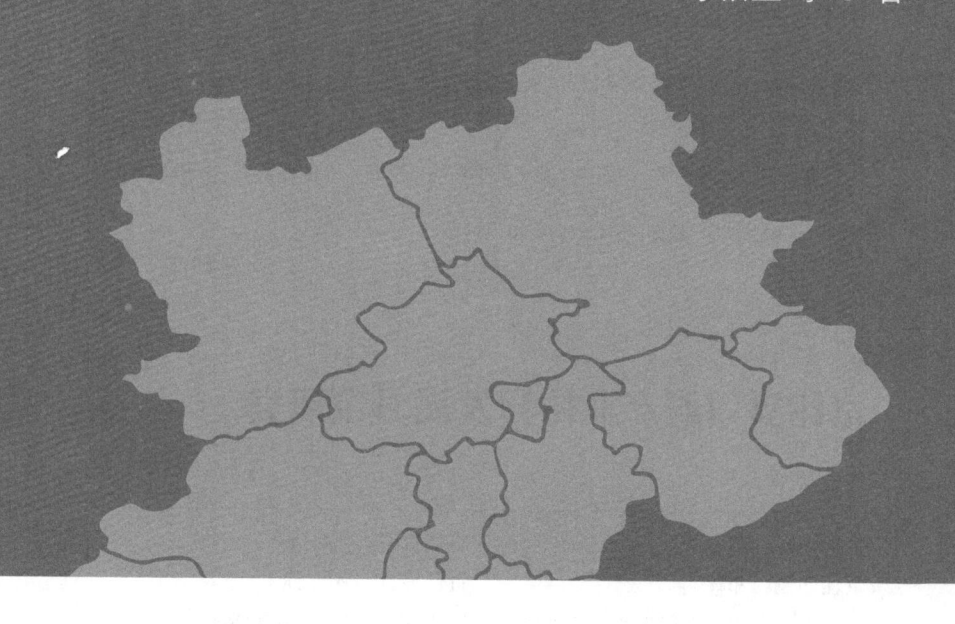

李治堂 等 ◎ 著

文化发展出版社
Cultural Development Press

内容提要

本书是北京社科基金项目"京津冀印刷产业协同发展对策研究"的成果。本研究将京津冀印刷产业协同发展问题研究放在京津冀协同发展战略和京津冀产业发展以及转型升级的大背景下，系统分析了京津冀产业发展和各自的主导产业、优势产业以及未来优先发展的产业，使用投入产出分析方法系统分析产业之间联系，比较客观地分析了印刷业与其他产业之间的技术经济联系以及印刷业在京津冀各自发展中的地位和作用，利用统计调查分析方法，系统分析了京津冀印刷业发展状况，在分析的基础上提出京津冀印刷业发展定位。本研究针对京津冀印刷产业协同发展提出了十条具体的对策建议。本书可以作为相关研究人员的参考书。

图书在版编目（CIP）数据

京津冀印刷产业协同发展对策研究/李治堂等著.-北京：文化发展出版社，2019.6
ISBN 978-7-5142-2651-5

Ⅰ.①京… Ⅱ.①李… Ⅲ.①印刷工业-协调发展-研究-华北地区 Ⅳ.①F426.84

中国版本图书馆CIP数据核字(2019)第105936号

京津冀印刷产业协同发展对策研究

李治堂 等/著

责任编辑：李　毅	责任校对：郭　平
责任印制：邓辉明	责任设计：侯　铮

出版发行：文化发展出版社（北京市翠微路2号 邮编：100036）
网　　址：www.wenhuafazhan.com
经　　销：各地新华书店
印　　刷：北京建宏印刷有限公司
开　　本：787mm×1092mm　1/16
字　　数：247千字
印　　张：13
印　　次：2019年9月第1版　2019年9月第1次印刷
定　　价：68.00元
ＩＳＢＮ：978-7-5142-2651-5

如发现任何质量问题请与我社发行部联系。发行部电话：010-88275710

北京市社会科学基金项目
项目编号：15JGB100
项目名称：京津冀印刷产业协同发展对策研究
教育部哲学社会科学发展报告项目（13JBGP010）
北京文化产业与出版传媒研究基地印刷业发展研究团队成果

项目负责人：李治堂
项目组成员：付海燕　刘寿先　罗荣华　徐　硕
　　　　　　张　楠　曹梦杰　张嘉航　郭作星

Preface

前　言

京津冀是我国印刷业较为集中的地区之一。京津冀印刷业的发展，促进了当地的经济增长，服务了地方经济和社会的发展，为扩大就业和增加财政收入做出了重要的贡献。但是，京津冀印刷业也存在着分工与布局不合理、低水平重复建设和恶性竞争等问题，一些低端印刷业存在较大的环境污染问题，印刷业发展对城市的资源和能源供应造成较大的压力。通过京津冀印刷产业协同发展和结构优化调整，既有利于疏解北京的非首都核心功能，减轻北京的人口、资源、环境压力，也有利于天津和河北的发展，同时也有利于印刷产业自身的发展。

在京津冀一体化协同发展的大背景下，京津冀印刷产业主动利用这一战略机遇，实现了印刷产业区域布局的优化和印刷产业内部结构的调整，推动了印刷产业转型和升级，构建了符合京津冀各自功能定位、发挥产业分工效益和互补优势的产业格局和分工体系，是完全有必要也是完全可行的。本项目研究成果在理论方面将丰富关于京津冀产业协同发展的研究，揭示产业协同发展中存在的共性问题和基本规律，在实践方面对于制定京津冀印刷产业协同发展的相关政策提供指导和咨询建议，有利于京津冀产业协同发展规划纲要的实施。

本研究主要内容包括：京津冀协同发展中的战略和实践问题，重点分析京津冀协同发展战略中提出的背景及协同发展中所涉及的重要实践问题；京津冀经济与产业发展状况分析，重点分析京津冀的经济发展水平、经济结构、工业发展与区位优势、各省市产业发展政策趋势等；京津冀产业关联分析，利用投入产出的分析方法计算各地区各产业的影响力系数和感应度系数，分析印刷产业与其他产业之间的投入产出关系以及产业之间的联系密切程度；北京市印刷业发展状况，重点分析北京市印刷业的发展现状以及特点；天津市印刷业的发展状况，重点分析天津市印刷业的发展现状以及特点；河北省印刷业的发展状况，重点分析河北省印刷业的发展现状及特点，京津冀印刷业协同发展现状与关键问题，重点分析京津冀印刷业协同发展现状以及从政府层面和企业层面有关协同发展的关键问题，进一步分析了产业协同发展的机制；京津冀印刷业协同发展对策等。

通过研究，我们提出以下主要观点。

京津冀印刷业协同发展要实现京津冀印刷业整体布局优化，整体规模扩大，整体效益提升，使京津冀在印刷业发展中发挥各自优势，满足京津冀三地城市功能定位，提升京津冀印刷业在中国乃至世界上的地位，使京津冀地区成为我国环渤海地区高端印刷创意设计中心、先进印刷设备与材料研发中心、高端印刷生产加工与物流配送中心。

北京市印刷业的发展的定位是高端印刷创意设计中心，北京部分出版物印刷和大多数包装装潢印刷的生产加工环节应有序转移到河北相关地区，保留设计、研发、管理、营销、客户服务等相关职能，为了更好地发挥印刷业对"四个中心"建设的服务保障功能，北京市可以保留的生产加工环节是安全印刷以及能耗和排放水平较低、绿色化程度较高的数码印刷。

天津市印刷业发展定位为先进印刷设备与材料研发中心，现有出版物印刷和包装装潢印刷发展的重点是按照绿色化、智能化、网络化、数字化进行改造升级，重点发展先进印刷设备和材料以及新兴的功能印刷，适度发展现代商业印刷和数码印刷，服务天津市城市经济和社会发展。

河北省印刷业的发展定位是高端印刷生产加工与物流配送中心，其重点是高端出版物印刷和包装装潢印刷，适度发展服务京津和本地市场的其他印刷和数码印刷。

科学研究是一个不断探索并发现真知的过程，在本项目研究中，我们力求做到严谨、理性、客观，但是由于项目组人员水平和能力的限制，在研究方法、研究过程以及研究结果方面仍存在一些不足，仍需要今后进一步加强研究，书中难免会存在一些错误和不当之处，敬请专家同行批评指正。

本书的责任编辑李毅女士为本书的出版尽心尽力，做了大量耐心细致的工作，在此表示诚挚的谢意！

李治堂

2019 年 1 月

目　录

第一章　绪论

（一）研究背景 / 1

（二）相关理论基础 / 6

（三）研究现状 / 10

第二章　京津冀协同发展战略和实践问题

（一）京津冀协同发展战略是国家战略、千年大计 / 14

（二）京津冀协同发展中的城市定位问题 / 15

（三）京津冀协同发展中的人口问题 / 17

（四）京津冀协同发展中的交通问题 / 18

（五）京津冀协同发展中的产业转移问题 / 18

（六）京津冀协同发展中的其他问题 / 20

第三章 京津冀经济与产业发展状况分析

（一）我国经济发展整体情况 / 21

（二）北京市经济发展基本情况 / 24

（三）天津市经济发展基本情况 / 26

（四）河北省经济发展基本情况 / 28

（五）京津冀规模以上工业企业情况 / 30

（六）京津冀的工业区位优势比较 / 33

（七）京津冀产业发展政策与态势 / 38

第四章 基于投入产出分析的京津冀产业关联分析

（一）投入产出法概述 / 44

（二）基于全国投入产出表的产业影响力和感应度分析 / 50

（三）基于京津冀区域间投入产出表的区域产业影响力与感应度分析 / 53

（四）基于北京市2015年投入产出表的产业关联分析 / 57

第五章 北京市印刷业发展状况分析

（一）北京市规模以上印刷企业发展情况 / 74

（二）北京市规模以上国有及国有控股印刷企业发展情况 / 79

（三）北京市股份制印刷企业发展情况 / 85

（四）北京市港澳台及外商投资印刷企业发展情况 / 90

（五）北京市大中型印刷企业发展情况 / 95

（六）北京市印刷业分布状况分析 / 100

（七）北京市印刷业发展定位 / 121

第六章　河北省印刷企业发展状况分析

（一）河北省规模以上印刷企业发展情况 / 128

（二）河北省国有及国有控股印刷企业发展情况 / 136

（三）河北省私营印刷企业发展情况 / 144

（四）河北省大中型印刷企业发展情况 / 152

（五）河北省印刷业发展定位 / 160

第七章　天津市印刷业发展状况分析

（一）天津市规模以上印刷企业发展情况 / 162

（二）天津市大中型印刷企业发展情况 / 169

（三）天津市规模以上小微型印刷企业发展情况 / 173

（四）天津市印刷业发展定位 / 178

第八章 京津冀印刷业协同发展现状与关键问题分析

（一）京津冀印刷业协同发展现状 / 181

（二）政府层面的关键问题分析 / 183

（三）企业层面的关键问题分析 / 185

（四）京津冀印刷业协同发展机制 / 188

第九章 京津冀印刷业协同发展对策

（一）京津冀印刷业协同发展目标 / 190

（二）京津冀印刷业发展定位和空间布局优化 / 190

（三）京津冀印刷业协同发展的对策建议 / 192

参考文献 / 195

第一章 绪论

（一）研究背景

1. 党的十八大以来党中央提出的新发展理念

中国共产党第十八次全国代表大会于 2012 年 11 月 8 日在北京召开。党的十八大系统总结了党的十六大以来各项事业取得的成就，以及党的理论创新成果。党的十八大报告指出：科学发展观是马克思主义同当代中国实际和时代特征相结合的产物，是马克思主义关于发展的世界观和方法论的集中体现，对新形势下实现什么样的发展、怎样发展等重大问题做出了新的科学回答，把我们对中国特色社会主义规律的认识提高到新的水平，开辟了当代中国马克思主义发展新境界。科学发展观是中国特色社会主义理论体系的最新成果，是中国共产党集体智慧的结晶，是指导党和国家全部工作的强大思想武器。科学发展观同马克思列宁主义、毛泽东思想、邓小平理论、"三个代表"重要思想一道，是党必须长期坚持的指导思想。胡锦涛总书记指出，科学发展观，第一要务是发展，核心是以人为本，基本要求是全面协调可持续发展，根本方法是统筹兼顾。要统筹城乡发展、区域发展、经济社会发展、人与自然和谐发展、国内发展和对外开放，统筹各方面利益关系，充分调动各方面积极性，努力形成全体人民各尽其能、各得其所而又和谐相处的局面。

党的十八大提出了到2020年全面建成小康社会的战略目标和全面落实经济建设、政治建设、文化建设、社会建设、生态文明建设五位一体总体布局，把推动经济社会发展作为深入贯彻落实科学发展观的第一要义。新的发展理念，体现的是全面协调可持续的科学发展，贯彻落实新发展理念和科学发展观，需要不断解放思想，全面深化改革，勇于进行理论和实践创新。

党的十八届三中全会通过了《中共中央关于全面深化改革若干重大问题的决定》，进一步贯彻落实党的十八大关于全面深化改革的战略部署。决定指出，全面深化改革的总目标是完善和发展中国特色社会主义制度，推进国家治理体系和治理能力现代化。必须更加注重改革的系统性、整体性、协同性，加快发展社会主义市场经济、民主政治、先进文化、和谐社会、生态文明，让一切劳动、知识、技术、管理、资本的活力竞相迸发，让一切创造社会财富的源泉充分涌流，让发展成果更多更公平惠及全体人民。全面深化改革的决定涉及经济体制改革、政治体制改革、文化体制改革、社会体制改革、生态文明体制改革的方方面面。其中，经济体制改革是全面深化改革的重点，核心问题是处理好政府和市场的关系，使市场在资源配置中起决定性作用和更好发挥政府作用。一方面，要加强经济领域和市场领域的改革，另一方面，要切实转变政府职能，提高政府治理能力。健全以国家发展战略和规划为导向、以财政政策和货币政策为主要手段的宏观调控体系，推进宏观调控目标制定和政策手段运用机制化，促进重大经济结构协调和生产力布局优化。可见，在深化改革和推动发展方面，要坚持五位一体的总体布局，依靠市场和政府两种力量，相互协调，相互补充，相互促进。

党的十八届五中全会审议通过了《中共中央关于制定国民经济和社会发展第十三个五年规划的建议》。全会提出了"十三五"时期我国发展的指导思想、主要目标和发展理念，提出了牢固树立并切实贯彻创新、协调、绿色、开放、共享的发展理念。在创新发展方面，提出了培育发展新动力、拓展发展新空间、实施创新驱动战略等要求，提出以区域发展总体战略为基础，以"一带一路"建设、京津冀协同发展、长江经济带建设为引领，形成沿海沿江沿线经济带为主的纵向横向经济轴带。发挥城市群辐射带动作用，优化发展京津冀、长三角、珠三角三大城市群，形成东北地区、中原地区、长江中游、成渝地区、关中平原等城市群。发展一批中心城市，强化区域服务功能。支持绿色城市、智慧城市、森林城市建设和城际基础设施互联互通。推进重点地区一体发展，培育壮大若干重点经济区。在协调发展方面，提出培育若干带动区域协同发展的增长极。推动京津冀协同发展，优化城市空间布局和产业结构，有序疏解北京非首都功能，推进交通一体化，扩大环境容量和生态空间，探索人口经济密集地区优化开发新模式。在绿色发展方面，提出推动京津冀、长三角、珠三角等优化开发区域产业结构向高端高效发展，防治"城市病"，逐年减少建设用地增量。

可见，京津冀协同发展提上党和国家议事日程，反映了党的十八大以来科学发展观的深化和发展，体现了新的发展理念的要求，是在新的历史形势下和全面建成小康社会、实现两个百年奋斗目标的建设实践中的必然要求。

2. 京津冀协同发展上升为国家战略

探讨京津冀合作发展问题的由来已久，但是将京津冀协同发展上升为国家战略还是党的十八大以后的事。早在1982年编制的《北京城市建设总体规划方案》中，就有"首都经济圈"的提法，之后又有"首都圈""环首都经济圈"的提法。从字面看，这些区域合作的提法均是以发展首都北京为中心的。2004年的"廊坊共识"确定"京津冀经济一体化"的发展思路。2004年11月，国家发改委启动《京津冀都市圈区域规划》编制。10年来，由于三地不同的发展水平以及行政区划等固化藩篱的存在，各方虽屡有合作协议签署，却并无实质性推进。

党的十八大后，以习近平总书记为核心的党中央坚持科学发展，创新发展理念，提出创新、协调、绿色、开放、共享的发展理念，解决区域发展不平衡以及发展过程中的资源环境约束和大城市病等问题，提出京津冀协同发展的战略构想。2014年2月26日，习近平总书记在北京主持召开座谈会，专题听取京津冀协同发展工作汇报并讲话，就推进京津冀协同发展提出7点具体要求。推进京津冀协同发展，是以习近平同志为核心的党中央在新的历史条件下做出的重大决策部署。李克强总理多次主持召开会议研究推进京津冀协同发展工作，并多次做出重要指示批示。张高丽副总理多次主持召开京津冀协同发展领导小组会议安排部署工作，并多次做出重要指示批示。2015年3月23日，中央财经领导小组第九次会议审议研究了《京津冀协同发展规划纲要》，推动京津冀协同发展已上升为重大国家战略。《京津冀协同发展规划纲要》（以下简称《规划纲要》）编制完成，党中央、国务院于2015年6月印发实施《规划纲要》，这是京津冀协同发展的顶层设计和行动指南。围绕贯彻实施《规划纲要》，编制实施了全国首个跨省级行政区的《"十三五"时期京津冀国民经济和社会发展规划》，正在研究制定《京津冀空间规划》，出台实施京津冀产业、交通、科技、生态环保等12个专项规划及北京新机场临空经济区、京冀交界地区规划建设管理等工作方案，印发实施北京加强全国科技创新中心建设总体方案，天津市、河北省分别制定了落实各自功能定位的规划方案。京津冀协同发展是我国在加快转变发展的方式，推进新型城镇化建设的关键时期做出的一项重要部署，也是实现京津冀区域优势互补、互利共赢、区域一体、打造中国经济第三增长极的需要。

3. 京津冀协同发展不断推进

京津冀协同发展战略提出以后，北京、天津、河北三省市党委和政府迅速行动，积极落实京津冀协同发展各项战略部署和相关工作。2015年7月10日至11日，中共北京市委十一届七次全会召开，会议表决通过了《中共北京市委北京市人民政府关于贯彻〈京津冀协同发展规划纲要〉的意见》。7月13日至14日，中共天津市委十届七次全体会议召开，会议审议通过了《天津市贯彻落实〈京津冀协同发展规划纲要〉实施方案（2015—2020年）》。北京、天津之后，7月14日至15日，中共河北省委八届十一次全体（扩大）会议在石家庄举行，会议审议通过了《中共河北省委、河北省人民政府关于贯彻落实〈京津冀协同发展规划纲要〉的实施意见》，就做好当前和今后一个时期的协同发展工作做出部署。

《北京市国民经济和社会发展第十三个五年规划纲要》的提出，全力推动京津冀协同发展，紧紧把握北京在京津冀协同发展中的核心地位，发挥比较优势，发挥示范带动作用，创新合作模式与利益分享机制，加快推动错位发展与融合发展，实现区域良性互动。北京市第十二次党代会报告，坚持首都城市战略定位，深入推动京津冀协同发展。推动协同发展重点领域率先突破。全力推进交通一体化，建设"轨道上的京津冀"，构筑"一小时通勤圈"，促进城市群一体化发展。高标准建设北京新机场，完善配套基础设施，打造世界级机场群。围绕改善大气环境质量，深化联防联控协作机制，形成区域环境治理新格局。联合开展重大生态工程建设，建设环首都森林湿地公园，积极创建生态文明先行示范区。抓好全面创新改革试验，推进京津冀协同创新共同体建设，更好地支撑战略合作功能区发展。持续深化体制改革，破除限制生产要素优化配置的障碍，推进市场一体化，推动区域公共服务共建共享，努力为全国区域协调发展探索经验。

天津市《国民经济和社会发展第十三个五年规划纲要》指出，积极对接北京创新资源和优质产业，主动向河北省延伸产业链条，实现产业一体、联动发展。制造业，围绕高端装备、航空航天、汽车、电子信息、生物医药等产业，贯通产业上下游，完善产业配套。服务业，承接北京金融、教育、研发、医疗等优质服务功能，促进区域公共服务的协同共建。京津冀协同发展扎实推进，重点领域取得较大进展。落实《规划纲要》，制定加快建设全国先进制造研发基地、北方国际航运核心区、金融创新运营示范区、改革开放先行区等"一基地三区"实施意见，产业、交通、生态等重点领域取得明显进展；主动承接北京非首都功能疏解，天津滨海—中关村科技园建设迈出实质性步伐，全面创新改革试验、协同创新共同体建设系统推进，仅在2016年就引进京冀投资额2000亿元，占全市实际利用内资的44%；积极对接雄安新区规划建设，推进发展战略合作，全面协同、深度融合的发展格局正在形成。

河北省《国民经济和社会发展第十三个五年规划纲要》指出，把京津冀协同发展贯穿到各个领域各项工作，立足功能定位，统筹谋划布局，落实重点任务，在主动服务京津、接轨京津中促进河北加快发展。立足京津冀区域整体功能定位和河北省"三区一基地"定位，精准确定功能分区，精准承接北京非首都功能疏解和产业转移，精准打造发展平台和载体，以交通、生态环保、产业三个重点领域率先突破为着力点，聚焦承接疏解、补齐短板，推动京津冀协同发展战略在河北省全面落实。河北省第九次党代会报告提出，全面落实《规划纲要》和相关战略协议，坚持优势互补、互利共赢，更好地对接京津、融入京津、服务京津，加快补齐发展短板。

自京津冀协同发展战略实施以来，北京非首都功能疏解有序推进，截止到2017年6月，北京市累计调整疏解商品交易市场433家、疏解物流中心71个，调整退出高投入、高消耗、高污染、低水平、低效益企业1835家。疏解北京非首都功能控增量、疏存量相关政策意见印发实施并正在扎实落实。2016年年末北京市常住人口比上年增加2.4万人，增量减少16.5万人，其中城六区常住人口由升到降，比2015年下降3%。重点领域率先突破，取得重要进展。以北京为中心、"半小时通勤圈"逐步扩大，京津保1小时交通圈构建完成，京津冀地区近800公里"断头路""瓶颈路段"基本打通或扩容，交通一卡通全面覆盖京津冀13个地级以上城市。京津冀大气污染传输通道治理"2+26"协作机制正式建立，2016年区域内PM2.5平均浓度比2013年下降33%，提前完成 2017 年目标。津冀引滦入津工程横向生态补偿机制启动实施，北京长城国家公园体制试点方案获批。北京现代汽车沧州第四工厂竣工投产，张家口可再生能源示范区等产业合作园区加快提升。产业转移对接企业税收收入分享办法出台实施。京津冀系统推进全面创新改革试验取得实质性成效。北京加强全国科技创新中心建设 16 项任务积极推进。北京输出到津冀技术合同成交额达 325 亿元。京津石海关实行区域通关一体化改革，通关时间平均缩短 41 天。京津冀城际铁路投资公司正式设立。京津冀手机长途及漫游费自 2015 年 8 月 1 日起全面取消。京津冀协同发展试点示范工作方案印发实施，新机场临空经济区等先行先试平台加快打造。北京服务业扩大开放综合试点 141 项任务，已完成 126 项，形成一批创新成果。三年多来，北京市加快"瘦身提质"，天津市推动"强身聚核"，河北省实现"健身增效"，正朝着协同发展的目标有力迈进。

（二）相关理论基础

1. 增长极理论

增长极这一概念最早是由法国经济学家弗朗索瓦·佩鲁提出的。1950 年，佩鲁发表了《经济空间：理论与应用》，并在文中使用了增长极这一概念。增长极理论的主要观点是：经济增长主要依靠技术进步和创新，但是技术进步和创新在所有产业或地区都是不均衡的。一般来说，某个地区或某个行业会比其他地区或其他行业更快地获得技术创新的能力，从而加速其技术进步的进程。所以，保持先进技术的部门和地区其经济增长的速度也会相应地保持领先，其增长态势在部门和地区之间也是不均衡的。当主导的产业在地区聚集，并拥有技术创新能力的时候，就会加速资本的聚集，形成规模经济效益，对其他产业或地区产生有力的连带扩散效应，从而加速其他产业或地区的经济增长。这时，这种主导的产业或地区就形成了增长极。增长极理论可以归纳如下：经济增长的主要动力来源于技术的创新和进步。而由于创新能力的差异，经济增长并非出现在所有地方，在社会经济发展的过程中，由于某些主导产业或部门优先拥有了技术创新的能力，并在某些地区的集聚，使得资本与技术高度集中，形成了增长极。

瑞典经济学家缪尔达尔和德裔美国经济学家赫希曼丰富和完善了"增长极"理论，他们客观分析了增长极所带来了正面效应和负面效应。缪尔达尔提出了回波和扩散的概念，用来表示增长极对区域经济发展的两种作用。相应地，赫希曼也提出了极化效应与涓滴效应。涓滴效应是通过增长极其他产业或地区的投资等发挥作用，极化效应则是增长极对其他产业或地区的资本吸收使得后者经济萎缩。法国经济学家布代维尔将增长极概念从抽象的经济转向了具体的地理空间，并据此提出区域增长极战略的基本思想。区域增长极理论认为，资本和技术的聚集比分散更有益于区域经济增长，所以通过有效地规划和配置增长极，就会推动区域经济的发展。

西方"增长极"理论自1982年引入中国后，迅即成为区域经济理论研究、区域政策研究、区域发展规划的重要理论依据。中国学者在借鉴"增长极"理论等西方区域经济理论的基础上，结合中国区域经济发展的实践需求和经济地理现象总结，对增长极理论做了许多拓展性研究工作，涌现出一批具有"中国特色"的代表性理论研究成果。主要有：20世纪80年代的点轴系统理论和网络开发理论；20世纪90年代的"三角增长极"理论和双核结构理论；21世纪初期的层级增长极网络开发理论。我国经济地理学家陆大道院士在1984—2003年间对"点-轴"空间结构理论及实践应用问题做了系统化研究，构建了较为完整的点轴系统理论体系。陆大道认为，基于国家财力有限的国情，必须放弃区域均衡发展战略，应该"借助国家的重点轴线对国土进行重点开发"，倡导点轴渐进式扩散的发展道路。著名区域经济学家魏后凯在论文《区域开发理论研究》中，借鉴点轴系统理论成果，吸收增长极理论的基本思想，进一步创造性地提出了一种新的区域开发理论——"网络开发理论"。网络开发理论是对点轴系统理论的拓展，强调均衡发展以实现区域发展整体推进。赵旭在论文《区域开发中的"三角增长极"初步探讨》中基于增长极理论、协同发展理论和空间相互作用理论，创造性地提出"三角增长极理论"。该理论认为以往对增长极理论的研究和实践运用，"只强调单一增长极，而未从系统上考虑若干增长极相互间的协同效应"，有必要建立"由不同规模和不同职能的增长极组成的综合城镇系统"，以带动区域经济的发展，强调"三角增长极"是形成区域多级增长体系的必须阶段。陆玉麒在其著作《区域发展中的空间结构研究》中根据对长江中游区域皖赣沿江区域"双核型空间结构"现象的案例研究，借鉴增长极理论、发展轴理论等理论成果，创造性地提炼出一种新的空间结构理论——"双核结构理论"，并在随后的一系列论文中对该理论内涵及其实践应用问题做了系统化研究。

2. 产业集聚理论

最早的产业集聚研究是阿尔弗雷德·马歇尔的产业组织探讨。马歇尔认为，规模经济有内部规模经济和外部规模经济之分。外部规模经济是产业层面的规模经济，与专业性的地区性集中有很大关系。内部规模经济是企业层面的规模经济，来源于企业内部的组织效率和资源使用效率。企业在某一地域的集中，即产业的空间集聚，会因专业化的中间投入品市场、专业性的劳动力市场，以及知识和信息扩散而营造的协同创新环境等方面的原因而形成外部规模经济。因此，为追求这种外部规模经济，企业就会在某一地域内形成集中，由此形成产业的空间集聚。马歇尔的研究开启了产业集聚这一新的研究领域。产业集聚的内涵也在学者研究中不断得到完善和发展。代表性的表述是美国著名学者迈克尔·波特给出的界定，即产业集聚为产业联系密切的企业以及相关支撑机构在空间上的集聚，从而形成强劲、持续的竞争优势的现象。除对产业集聚内涵的深入阐述外，在马歇尔之后，学者更多的是对产业集聚的动因做了更为系统的剖析，并由此形成很多经典的产业集聚理论，如工业区位理论、增长极理论、创新理论和新经济地理理论等。工业区位理论认为，产业之所以形成集聚是出于成本节约的需要。对于任何一个产业，集聚都可以促进技术设备发展的专业化从而降低生产成本，可以促进劳动力组织发展从而降低劳动力搜寻成本，可以提高原材料购买的规模和产品销售规模，从而可因专业市场的发展降低交易成本，可以发挥道路等公共基础设施使用的规模经济从而减少公共支出成本。创新理论认为，技术创新及扩散是促使具有产业关联性的众多部门企业形成集聚的重要动力。创新不是孤立事件，它们通常是成簇发生。首次创新的关键障碍一旦被突破就会给后来者带来启迪，从而带动后来者进行创新。即便首次创新失败，其经验教训也可为后来者提供借鉴，从而可以降低后来者的创新成本。而这两方面的效应都会诱导后来者蜂拥而至，形成技术创新的群集现象，并进而演变为产业集聚。依据产业空间集聚和区域专业化同时存在的事实，新经济地理理论认为，当企业和劳动力集聚在一起以获得更高的回报时，本地化规模报酬递增就可以为产业集聚的形成提供理论基础。

3. 城市群理论

城市群以其庞大的集聚效应成为国民经济快速发展、现代化水平不断提高的重要标志，也成为众多国家发展区域经济的重要手段。国外学者对影响城市群形成与发展的作用机制和影响因素进行了深入研究。Warnes 对伦敦城市群研究具有开创性意义，尤其是他关于城市群"聚集与扩散效应"的观点成为众多学者城市群研究的切入点。J.Rvaetz 通过对大曼彻斯特城市群的研究之后提出了"城市区域"的概念，认为城市群区域是一个"城市—腹地"相互作用的系统，内部具有行政、产业、通勤、流域等联系，围绕整体发展的最佳模式来重新安排政治地图，往往具有长期的功效，或者说可以成为一个有效的功能区域。因此，城市群不仅是城市在空间上的扩展，也是在城市功能升级、产业扩散、经济空间联系日益紧密的过程中形成的地域现象。有的学者认为城市群是在政府和市场经济构成的制度网络中自发生长的，这种网络形成的根本原因就是降低交易成本。在这方面，Bertinelli & Black 的阐述更为深入，他们借用劳动分工和专业化经济、交易效率、多样化消费偏好之间的两难冲突来解释城市群的形成发展，因为城市群的本质在于城市之间生产、消费和交易活动的集中，这种集中一方面提供了厂商相互需求的市场，有利于专业化生产厂商的生产；另一方面也方便人们的消费和厂商的交易，有利于信息的传递和知识经验的交流。

4. 产业转移理论

有关产业转移理论的早期研究，在新古典经济学理论框架下，以规模报酬不变和完全竞争市场结构为假设前提，认为由于不同区域比较优势处于动态变化中，而处于不同发展阶段的产业对区域要素条件的要求存在差异，使产业从一个国家或地区转移到另一个国家或地区。这方面的研究主要呈现在工业区位理论、雁行模式理论、产品生命周期理论、区域生命周期理论、国际生产折中理论、劳动密集型产业转移理论等相关文献中，形成了传统的产业转移理论。有关产业转移发生的原因，新古典经济学分析框架的解释主要体现在弗农的产品生命周期理论、汤普森的区域生命周期理论、韦伯工业区位理论的相关文献中。弗农以赫克歇尔-俄林模型提出的各国要素禀赋存在差异为基础，对新产品生命周期四个阶段中不同技术水平国家的贸易、投资及技术转让特征进行研究，解释了产业国际转移的现象；汤普森从"人性化"角度，将区域的发展过程划分为年轻、成熟、老年等不同阶段。在区域发展的年轻期，极化效应明显；

在成熟期，区域对其他区域的扩散效应则占主导地位；而对于进入老年期的区域只能通过持续创新获得竞争优势，从而进入新一轮生命周期的循环。韦伯在《工业区位论》中从微观企业的角度提出工业是否靠近取决于集聚的好处与成本的对比，即集聚力和分散力的博弈达到均衡的最终结果。有关产业转移的特征、顺序，新古典分析框架的解释主要体现在赤松要"雁行模式理论"，小岛清"边际产业扩张论"、刘易斯"劳动密集型产业转移理论"和邓宁的"国际生产折中理论"中。

（三）研究现状

1. 京津冀协同发展研究

京津冀协同发展是国家战略，三地政府从政策和实践层面积极推动，协同发展已经进入实质阶段，取得初步成效。国内许多学者对京津冀协同发展也从不同的角度进行了研究。柳建文提出构建京津冀协同发展的社会机制的问题。他认为，目前，京津冀协同发展已经初步建立起政府间的协调机制，包括成立京津冀协同发展领导小组、京津冀联席会议等。政府间的协调主要依靠行政和法律手段，包括行政机构设置、人事安排、法规约束和政策性激励等，协调的主体是各级政府职能部门，主要采用政治资源进行调控，是一种政治协调机制。由于京津冀发展水平存在较大差距，城市之间政治资源分布不均衡，加之地方行政管辖权的长期分割，仅从政治手段入手难以全面推进三地协同发展。社会机制是行业协会、商会、基金会、公益团体等社会组织利用其组织资源，通过社会动员、制度供给、资本投入等手段参与区域公共事务，维护市场秩序，减少利益冲突和优化区域资源配置的重要治理机制。与政治机制相比，社会协调机制的主体是多元的，权威是分散的，彼此间是一种平等协作关系，避免了政府主导的强制性，可以通过磋商与妥协达成各方利益的帕累托最优。当地方利益和生产要素流动难以通过法律手段或行政性方法解决时，社会机制的建立能够提供一种协同发展的民间路径。张睿琦等人运用新兴古典经济学的分析框架分析了京津冀协同发展的内涵、目标及实现路径。整体目标是实现区域协同发展、相互促进与融合发展，整体定位是以首都为核心的世界级城市群；区域整体协同发展改革引领区；全国创新驱动经济增长新引擎；生态修复环境改善示范区。北京市的定位是全国政治中心，文化中心，国际交往中心，科技创新中心；天津市的定位是全国先进制造研发基地，北方国际航运核心区，金融创新运营示范区，改革开放先行区；河北省的定位是全国现代商贸物流重要基地，产业转型升级试验区，新型城镇化与城乡统筹示范区，京津冀生态环境支撑区。根据协同理论，京津冀协同发展的实质是找出决定系统转化的序参数，确定需要为之输入的外部动力，推动系统从不平衡的无序状态向协调发展的有序结构转换。新兴古典经济学的分析表明，需求偏好、交易成本、禀赋条件、生产条件、相对价格是影响分工决策的主要参数，调整影响这些参数的体制机制，是京津冀协同发展目标任务实现的路径。郑功成提出，消除社会保障及相关服务的政策壁垒应该成为京津冀协同发展的关键性举措。他认为，公共政策壁垒是影响区域协同与大都市圈建设的关键因素，社会保障及相关公共服务在现实中存在着严重的区域分割和区域壁垒。在区域协同中，必须改变以往只重基础设施与产业布局协同而忽略公共政策协同的思维定势，必须真正解决好人的协同问题，进而实现社会协同发展，这才是百年基业、千年大计所需要的稳定基石。叶堂林等人研究了京津冀协同发展路径问题，提出京津冀协同发展的主要问题与关键症结在于协调共享机制尚未完全形成，导致区域协同缺乏持续动力；配套政策不完善，导致功能疏解区疏解动力不足；生态补偿机制薄弱，导致环境问题缺乏长效管控；产业梯度落差较大，导致产业协同进展较慢；行政主导因素过强，导致优质要素分布不均。提出建立协同发展的制度框架体系和区域协调机制，尽快完善功能及产业疏解的跨区域配套政策，尽快完善多元化的生态补偿机制，打造中国参与国际竞争的世界级产业集群，重点加强公共服务领域的社会政策对接等对策建议。

2. 京津冀产业协同发展研究

产业协同是京津冀协同发展的重要内容。围绕产业协同发展，国内学者也做了许多研究。宋立楠基于协同视角，研究了京津冀协同发展的动力机制问题。当前，京津冀产业协同发展中面临着经济发展水平差距大、产业合作发展滞后、公共服务水平不均等诸多困境，根本原因在于京津冀区域始终没有进化为一个自组织系统，系统演化的内部动力始终没有形成。宋立楠认为，摆脱京津冀协同发展困境的根本出路在于建立起自组织系统及系统演化的内部动力机制。基于协同学的视角分析，应建立区域协调机制、利益共享机制、成本分担机制和产业匹配机制。魏丽华借助产业分工指数、产业区域配置系数、区位商对京津冀三地第二第三产业进行测算、比较和分析发现，京津冀三地产业存在明显和程度不一的产业同构现象，且同构产业在三地经济发展中具有举足轻重的地位，其中津冀两地的产业同构现象更为突出；京津冀三地存在各自比较优势突出的主导产业，如北京的汽车制造业、计算机、通信和其他电子设备制造业，文教、工美、体育和娱乐用品制造业等；河北的黑色金属采选业、煤炭开采和洗选业、非金属矿物制品业、纺织业、农副食品加工业；天津的橡胶和塑料制品业等。考虑到京津冀产业同构对京津冀产业协同发展造成的极其不利的影响，为更好地优化京津冀产业布局，推动京津冀产业结构协同，助推京津冀协同发展战略深化实施，必须从布局优化、分工合理、产业成链的协同视角出发，突破行政区域壁垒，以产业关联度、产业链契合度、资源配置合理度等为标准，构建京津冀产业协同发展体系，推动产业跨区域整合，试点横向分税制，突破地方政府为争夺税收而设立的各种产业布局壁垒，按照参与产业链条的要素贡献度高低进行税收分成。邓丽姝按照产业协同发展的组织形式，将京津冀产业协同发展的主要模式划分为整体搬迁模式、总部经济模式、产业扩张模式、产业链整合模式、科技成果产业化模式、产业联盟合作模式。提出进一步推进京津冀产业协同发展，关键在于推动区域产业协同创新，在协同创新基础上实现高层次的产业分工和产业融合。关于京津冀印刷业协同发展的研究成果公开发表的较少，一部分作者研究了京津冀文化创意产业的协同发展问题。

3. 研究内容与研究方法

本研究主要内容包括：京津冀协同发展中的战略和实践问题，重点分析京津冀协同发展战略提出的背景及协同发展中所涉及的重要实践问题；京津冀经济与产业发展状况分析，重点分析京津冀的经济发展水平、经济结构、工业发展与区位优势、各省市产业发展政策趋势等；京津冀产业关联分析，利用投入产出分析方法计算各地区各产业的影响力系数和感应度系数，分析印刷产业与其他产业之间的投入产出关系以及产业之间的联系密切程度；北京市印刷业发展状况，重点分析北京市印刷业发展现状以及特点；天津市印刷业发展状况，重点分析天津市印刷业发展现状以及特点；河北省印刷业发展状况，重点分析河北省印刷业发展现状及特点；京津冀印刷业协同发展现状与关键问题，重点分析京津冀印刷业协同发展现状以及从政府层面和企业层面关于协同发展的关键问题，进一步分析了产业协同发展的机制；京津冀印刷业协同发展对策等。

  本研究的主要方法包括：文献和理论分析法，通过文献和理论分析理清京津冀印刷业协同发展的背景、基本理论和实践问题以及产业协同发展的机制；统计和比较分析法，通过对京津冀经济和产业发展的统计及比较分析，明确三地经济结构以及产业发展的相似性和差异性，明确各自发展的思路和重点；投入产出分析方法，利用投入产出分析中的产业关联分析方法，分析了京津冀产业之间的技术经济联系，为确定主导产业和各地区产业发展重点提供依据；利用专家访谈和企业实地调研等方法，分析在京津冀印刷业协同发展中的关键问题；最后，利用规范研究和政策研究的方法提出对策建议。

第二章 京津冀协同发展战略和实践问题

（一）京津冀协同发展战略是国家战略、千年大计

党的十八大以来，习近平总书记以新发展理念为指引，系统布局我国区域发展"三大战略"，京津冀协同发展就是其中之一。2014年2月26日，习近平在京津冀协同发展工作座谈会上指出，"京津冀协同发展意义重大，对这个问题的认识要上升到国家战略层面。大家一定要增强推进京津冀协同发展的自觉性、主动性、创造性，增强通过全面深化改革形成新的体制机制的勇气，继续研究、明确思路、制定方案、加快推进。""着力加强顶层设计，抓紧编制首都经济圈一体化发展的相关规划，明确三地功能定位、产业分工、城市布局、设施配套、综合交通体系等重大问题，并从财政政策、投资政策、项目安排等方面形成具体措施。"本次会议指出，"推动京津冀协同发展是一个重大国家战略。"而该战略的核心是有序疏解北京非首都功能，调整经济结构和空间结构，走出一条内涵集约发展的新路子，探索出一种人口经济密集地区优化开发的模式，促进区域协调发展，形成新增长极。同时，推动这一国家战略"要坚持协同发展、重点突破、深化改革、有序推进。"

推进京津冀协同发展战略实施，有利于打造中国参与全球竞争和国际分工

的世界级城市群。世界经济社会发展的历史表明，城市化是推动经济社会发展的重要动力之一，是否形成具有一定规模和实力的城市群代表了一个国家或地区的社会经济发展水平与竞争力。我国在世界级城市群方面仍落后于纽约、伦敦等世界级城市群，京津冀中北京一城独大或者京津双城联合都不能形成世界级城市群，同时带来大城市病和区域发展不平衡，影响经济社会的进一步发展，推动京津冀协同发展已经势不容缓。推进京津冀协同发展，有利于促进京津冀之间分工的优化，形成研发、制造和服务的集聚区，进一步落实创新驱动发展战略的实施。京津冀之间要素禀赋和产业之间既有相同的方面，也存在着明显的差异，通过京津冀协同发展，进一步推动各自在优势领域的要素集聚和扩大，强化各自优势，如北京的高端研发创新、天津的高端制造和河北的资源优势。推进京津冀协同发展战略实施，有利于形成新的富有活力的核心增长极，促进提升区域经济社会发展水平。京津冀城市群和以上海为核心的长三角城市群相比，城市之间的差异大且互补性差，没有形成特别大的整体优势，京津对周边地区的带动作用不明显，通过京津冀协同发展，可以强化京津冀之间形成合力，强化经济社会联系，并形成具有良好分工合作的区域共同体，朝着现代城市群发展。京津冀协同发展，会进一步形成环渤海经济圈的核心区，扩大对周边地区的影响，带动整个环渤海地区的经济社会发展。推进京津冀协同发展战略的实施，结合国家"一带一路"战略的推进，会形成中国北部面向东北亚乃至全球的开放门户，促进中国开放发展战略的实施，战略意义十分突出。推进京津冀协同发展战略实施，特别是中央设立雄安新区的决定，将为城市规划、绿色发展、协同创新等方面提供样板和示范，因此可以说是千年大计。

围绕京津冀协同发展，中央在顶层设计、战略规划等方面给予大力支持和推动，京津冀也积极行动起来，都把京津冀协同作为地方党委和政府的头等大事，大力推动。目前，京津冀协同正按照规划指导思想稳步推进各项工作，取得初步成效。

（二）京津冀协同发展中的城市定位问题

京津冀协同发展要打破三地相同或相似的城市定位，从战略的高度重新思考三地的城市功能定位，解决同质化的问题，从而实现更优化的分工与合作体系。其首要的出发点是解决北京的城市发展定位和解决大城市病，合理确定北京"都"和"城"的关系问题。从整体和战略的高度看，京津冀协同发展首先要确定京津冀区域的功能定位。这是由京津冀协同发展的整体和长远目标所确定。首先，是形成以北京为核心的世界级城市群。北京是中国的首都，现代化的都市，城市基础设施和发展程度高，也只有北京具有成为核心的资格。其次，是形成具有全球影响力的科技创新集聚区，这和北京科教资源密集以及创新驱动战略的实施密不可分。再者，形成最具活力的核心增长极和新型城镇化的示范区。在京津冀协同发展的过程中，进一步强化极化效应，同时也扩大核心对周边的带动效应和扩散效应，形成核心与外围相互影响和促进的关系，解决区域发展不平衡、城乡发展不平衡的问题，促进新型城镇化发展，为其他地区提供示范。最后，通过京津冀协同发展共同打造生态环境保护示范区，实现绿色发展。这就要求做好整体规划，合理划分功能区，并通过一系列的机制实现生态环境保护的目标。

在京津冀协同发展中，北京的定位至关重要，北京的定位既要满足首都功能的要求，也要体现城市自身发展的需要，结合这两点，中央对北京市的定位是四个中心：全国政治中心、文化中心、国际交往中心和科技创新中心。四个中心的定位，明确了北京发展的目标和方向，这四个中心和首都的功能定位相一致，同时体现了北京历史文化名城和科教资源密集的优势，因此，在京津冀协同发展过程中，要有序疏解非首都功能，使北京更好地发挥四个中心的功能。天津的城市功能定位是：全国先进制造研发基地、北方国际航运核心区、金融创新运营示范区、改革先行示范区。天津的定位和天津的制造业优势以及天津港、滨海新区等方面的条件相联系，天津和北京的城市定位可以实现优势互补与错位发展。河北省作为一个行政区域，包括众多中小城市，这些城市和北京、天津地理上毗邻，经济上有一定联系，因此河北省的定位既有作为一个整体的定位，也有具体城市在整体定位下自身的定位。作为一个整体，河北省的定位是：全国现代商贸物流重要基地、产业转型升级试验区、新型城镇化与城乡统筹示范区、京津冀生态环境支撑区等。

京津冀三地的城市定位已经明确，下一步是如何通过规划以及规划的实施落实到各自的定位，在实际工作中，还会面临各自不同的矛盾和问题，如北京的非首都功能的疏解问题，产业转移与承接问题，生态保护机制与补偿问题，等等。

（三）京津冀协同发展中的人口问题

　　人口问题是京津冀协同发展面临的重点问题，对于疏解非首都功能、建立世界级城市圈意义重大。人口问题具有两面性，一方面，人口的聚集可以带来明显的聚集效应，促进经济社会发展，另一方面，人口的过度聚集又会对基础设施、城市对人口的承载力等产生更高要求，带来交通、环境、社会治理等多方面的问题，当前，京津冀协同发展要逐步做到对人口的合理规划、布局与有序流动，充分发挥人口作为人力资源、人力资本的积极作用，实现人口与城市发展、区域发展相协调、相适应。近年来，京津冀都市圈人口快速增加与聚集，形成北京、天津、石家庄、保定等人口集聚地。另一个现象是河北省人口往北京、天津流动与聚集明显，导致京津两地人口迅速增加，河北人口比重下降。河北人口快速流入北京和天津，一方面支持了北京和天津的经济发展，但是也给北京和天津带来巨大的人口压力和城市治理难题，同时也使得河北省和京津两地的差距更加拉大，影响河北省的发展后劲与潜力。人口的流动，是市场机制在人口要素市场的反映，由于京津相对河北省经济社会发展水平高，就业机会多，工资水平高，社会保障和福利水平优于河北省，必然导致人口迅速流入京津，这是北京和天津与河北省经济发展不平衡导致的，有其合理性的一面。经济功能是城市建设和发展的基本功能，其他功能的实现，离不开强大的经济基础做后盾，因此各地都把发展经济和产业作为城市发展的主要工作之一，经济和产业发展的差异导致人口的流动，京津冀协同发展的人口问题的背后是产业发展不平衡的问题，解决人口不平衡的问题要从解决产业发展不平衡的问题入手。

　　当前，京津冀协同发展的人口问题主要是解决人口数量和结构不平衡的问题，人口数量和结构要与城市发展水平、城市发展定位相适应。如北京的主要问题是降低人口增长速度，实现人口总量控制目标，与此同时还要吸引与北京四个中心定位相匹配的人口，如高端研发人才、文化创意人才等，天津和河北也是要保证人口与其功能定位相适应，如满足产业发展的高素质从业人员。因此人口问题，主要受市场经济机制的调节，解决人口问题，也主要依靠市场机制的作用，政府主要是通过规划、产业政策、产业布局等加以引导。另外，在京津冀协同发展过程中，加大公共基础设施、公共服务体系、社会保障体系等方面的建设,减小区域发展不平衡的程度,也有利于实现人口调控目标。

(四)京津冀协同发展中的交通问题

京津冀协同发展,要密切三地各方面的联系,在促进人员流动和物资流动的过程中,交通是非常重要的条件。京津冀协同发展,交通先行已经成为三地共识。交通一体化规划和规划的实施是解决交通问题的重中之重。目前,交通一体化规划已经启动并有序推进,已经进入攻坚期。京津冀交通一体化涉及铁路、公路、港口、航空等多个方面,涉及众多的政府部门,需要协调的事项多,困难也比较多。第一,面临着交通一体化的协调机制问题。交通一体化最紧迫的不是硬件设施建设,而是如何打破体制机制障碍。如广泛存在的断头路问题应该如何解决,交通一体化过程中的管理问题如何解决等。第二,交通一体化建设中的资金问题,资金如何筹措,如何建设以及如何管理运营等。第三,三地发展不平衡导致对交通运输的方式、标准要求不同,如何既满足北京、天津这类一线大城市的需求又满足河北中小城市的要求都是值得思考的问题。

有关专家提出,京津冀交通一体化战略目标要立足于建设京津冀"一小时经济圈",实现京津冀区域交通的高效率和有效连接,战略的重点是轨道交通与高速铁路,战略依托是市场与社会资本,战略保障是建立京津冀交通协商机制。

(五)京津冀协同发展中的产业转移问题

京津冀协同发展,通过产业分工协作和产业转移实现协同效应是关键。京津冀产业之间既有相似性也有差异性和互补性,产业之间既有竞争也有合作,京津冀协同战略的目的是避免三地之间的产业同构和同质化竞争,通过协同实现三地之间更加合理的分工协作体系,发挥各自优势,实现优势互补,最终提升优化整个区域的产业布局和协作效率。从现状来看，京津冀发展的协同程度比较低，北京和天津对河北周边的带动作用不明显，产生河北为北京、天津输血而自身造血功能不足的问题，二元经济结构在北京、河北之间以及天津、河北之间比较明显，主要原因是三地在产业发展水平上的差距比较大。从北京的现代服务业、高端制造业、高科技产业到周边河北散、乱、小的高污染重工业，不同层次的产业在三地区内并存，京津冀三地产业形态衔接差，且中心城市辐射带动能力弱，大中小城市发展不协调，资源环境约束、大气污染等问题严重，这些都是京津冀产业协同需要面对和解决的问题。推进京津冀之间的产业协同，需要从京津冀三地产业结构、产业层次、空间布局、比较优势等方面的实际问题出发。

从产业结构来看，京津冀三地处于工业化发展的不同阶段。北京第三产业占70%以上，接近80%，已经到了工业化后期阶段，以现代服务业为主导；天津则处于工业的中期阶段，第二产业尤其是制造业仍占较大的比重；河北则处于工业化的中早期阶段，第二产业仍占主导，第一产业向第二产业转移仍有一定的空间。因此，北京、天津和河北的产业结构之间具有一定的错位性和差异性，为更合理的产业分工奠定了基础。京津冀之间产业具有明显的互补性，产业同构现象不是特别严重。从三次产业综合来看，北京优势产业主要集中在第三产业，天津优势产业主要集中在第二产业，河北优势产业主要集中在资源密集型的第二产业和第一产业。从工业内部结构看，北京产业呈现高端化特征，天津产业呈现重化工业与新兴产业并存的特点，河北则以资源加工型和资本密集型产业为主。从空间布局来看，重化工业向天津滨海集聚，高新技术产业向京津集聚，现代制造业向北京、保定、石家庄集聚。京津冀产业协同发展具有一定的基础，更有较强的现实意义，要通过京津冀协同发展战略的实施促进产业的转移和升级。要按照新型产业分工理论，重构区域产业分工格局。产业一体化是区域一体化的核心和关键。京津冀产业一体化，应以新型产业分工为基础，强调部门内部分工，突出产品专业化和功能专业化，重构京津冀都市圈产业分工体系，形成错位竞争、链式发展的整体优势。京津冀产业协同发展中，应以北京阶段跃升为契机，推进产业升级与区域产业整合。北京和天津之间、北京和河北之间皆存在着产业的梯度，在北京明确首都功能定位之后，必然带来其产业的疏解和调整，天津和河北则对接北京的产业转移，在此过程中实现产业升级和整合。

（六）京津冀协同发展中的其他问题

　　京津冀协同发展战略的提出，很大程度是为了解决京津冀日益突出的资源和环境问题。近年来，随着京津冀地区经济的快速发展，资源和环境问题也日益突出，如水资源紧张、环境破坏、大气污染等。随着资源和环境治理约束刚性的增强，通过协同发展解决这些问题，实现生态文明已成为重要的现实问题。京津冀协同发展中共同解决资源和环境问题，既具有一定的基础，也面临不小的困难。如水资源保护与生态协同建设取得初步成效。从20世纪70年代起，国家逐步加大该地区生态环境治理力度，启动水资源保护、三北防护林建设等一系列专项建设工程。进入新世纪后，一方面是北京和河北进一步加强生态保护合作，并实施对上游水源地的生态补偿，取得较好效果。天津与河北之间的生态保护合作与补偿机制也逐步确立。另一方面是大气污染的联防联控。自2008年以来，为确保重大活动期间的空气质量以及日常的空气质量逐步好转，三地针对大气污染治理采取了一系列联防联控的措施，积累了一定的经验，取得了良好的效果，社会公众、企业、政府等对环保的意识极大提高，合作治理机制不断巩固和完善，初步形成了京津冀生态协同治理的机制。具体来说，生态协同治理的制度建设加快形成，探索了多层次、多形式的生态补偿，另外市场机制在京津冀生态治理方面也发挥了积极的作用。由于目前环境管理体制存在很大的缺陷，生态协同治理缺乏法律基础和组织保障。目前，京津冀协同发展中的环境治理问题还处于探索和实验阶段，仍然存在不少的问题。目前的协同治理，以应急合作为主，缺乏规范化、制度化的长效机制，跨界污染防治和救济缺乏制度保障，监督约束机制不健全，三地生态治理进程严重不平衡，存在经济发展不平衡与统一排放标准之间的矛盾。

第三章 京津冀经济与产业发展状况分析

（一）我国经济发展整体情况

研究京津冀协同发展问题，首先要整体把握我国经济发展水平及所处的阶段。随着我国经济进入新常态，经济增长由高速增长向中高速增长转变，经济发展的动力逐渐从投资驱动转变为消费驱动和创新驱动，经济结构也发生了新的变化。

表 3-1　2013—2017 年我国地区生产总值　　　　　　　单位：亿元

年　度	地区生产总值	第一产业地区生产总值	第二产业地区生产总值	第三产业地区生产总值	地区生产总值增长率（%）
2013	595244	55329	261956	277959	7.8
2014	643974	58344	277572	308058	7.3
2015	689052	60862	282040	346150	6.9
2016	743585	63671	296236	383678	6.7
2017	827122	65468	334623	427031	6.9

资料来源：国家统计局网站

2017年，我国地区生产总值达到827122亿元，其中第一产业65468亿元，第二产业334623亿元，第三产业427031亿元。2013年起，第三产业生产总值已经超过第二产业。

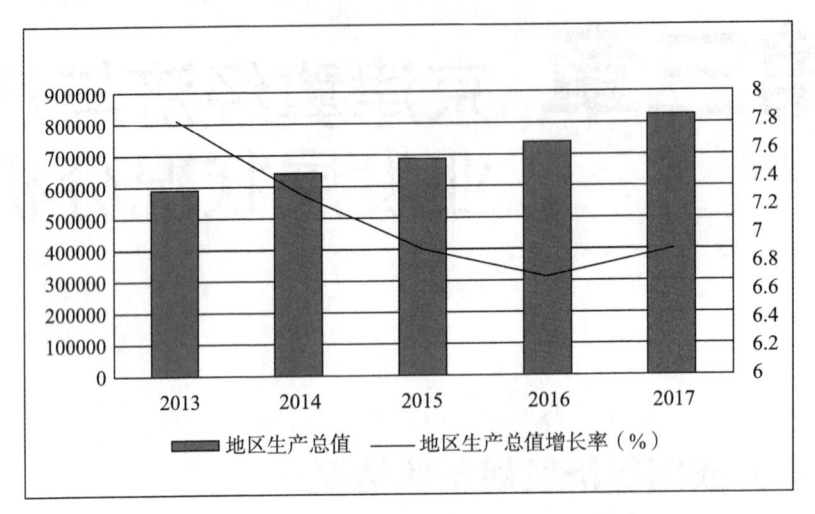

图 3-1　2013—2017年我国地区生产总值及增长率

我国地区生产总值按可比价格计算的年增长率在2013—2016年连续下降，2017年有所回升，我国经济增长在中央一系列改革政策的推动下，潜力得到进一步激发，经济发展的趋势向好。

表 3-2　2013—2017年我国地区生产总值构成　　　　　　　　单位：%

年度	合计	第一产业占比	第二产业占比	第三产业占比
2013	100.0	9.3	44.0	46.7
2014	100.0	9.1	43.1	47.8
2015	100.0	8.8	40.9	50.3
2016	100.0	8.6	39.8	51.6
2017	100.0	7.9	40.5	51.6

资料来源：根据表3-1数据计算

2013—2017年，第一产业、第二产业地区的生产总值占比逐渐下降，第三产业的地区生产总值占比上升，2015年第三产业的地区生产总值占比超过

第三章 京津冀经济与产业发展状况分析

50%。从整体上看，我国经济结构已经发生了巨大的变化，以第二产业为主导的经济结构逐渐过渡到以第三产业为主导的经济结构。由于第三产业资金密集程度一般低于第二产业，而劳动密集程度一般高于第二产业，就会导致投资增速下降，就业逐渐从第二产业转移到第三产业，投资增长对经济增长的贡献下降，而消费对经济增长的贡献上升。

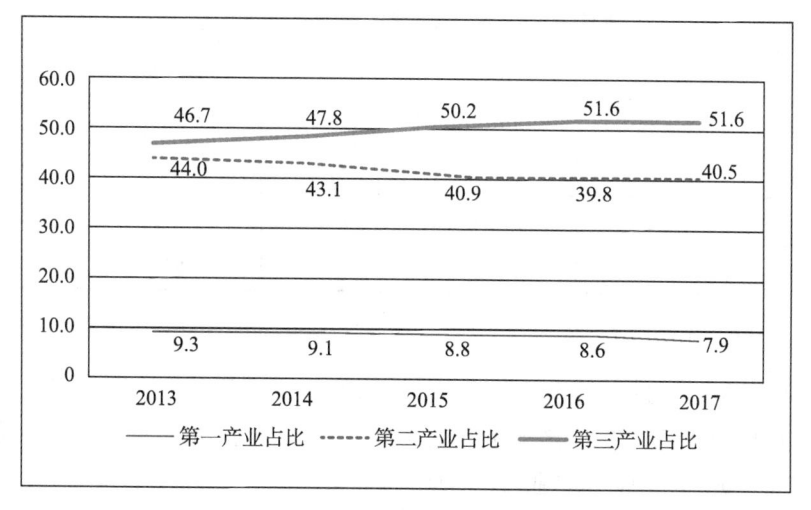

图 3-2　2013—2017 年我国地区生产总值构成

从经济发展阶段来看，我国经济正从第二产业为主导的工业化时代向第三产业为主导的后工业化时代转变。由于我国经济总量大，地区间发展不平衡，实体经济特别是工业仍需要在较长一段时间内继续发展，我国的工业化仍将持续相当长的一段时间，但是，这并不意味着整体上的齐步走。像北京这样的大城市，第三产业的地区生产总值占比已经达到 80%，其发展的重点将是第三产业，特别是第三产业中的现代服务业。其他一些地区，通过工业或者制造业的发展实现经济增长、提高收入水平、促进社会就业等依然是重要的任务。在新的时代和新常态情况下，要切实贯彻中央提出的五大新发展理念，提升经济增长的质量和效益，实现传统产业的转型升级发展。

（二）北京市经济发展基本情况

表 3-3 北京市地区生产总值及增长率　　　　　　　　单位：亿元

年　度	地区生产总值	第一产业地区生产总值	第二产业地区生产总值	第三产业地区生产总值	地区生产总值增长率（%）
2013	20330.1	159.8	4392.8	15777.5	7.7
2014	21944.1	159.2	4663.4	17121.5	7.4
2015	23685.7	140.4	4660.6	18884.7	6.9
2016	25669.1	129.8	4944.4	20594.9	6.8
2017	28000.4	120.5	5310.6	22569.3	6.7

资料来源：北京市统计局

2017 年，北京市地区生产总值达到 28000.4 亿元，其中第一产业生产总值为 120.5 亿元，第二产业生产总值为 5310.6 亿元，第三产业生产总值为 22569.3 亿元，其中第三产业占主导地位。

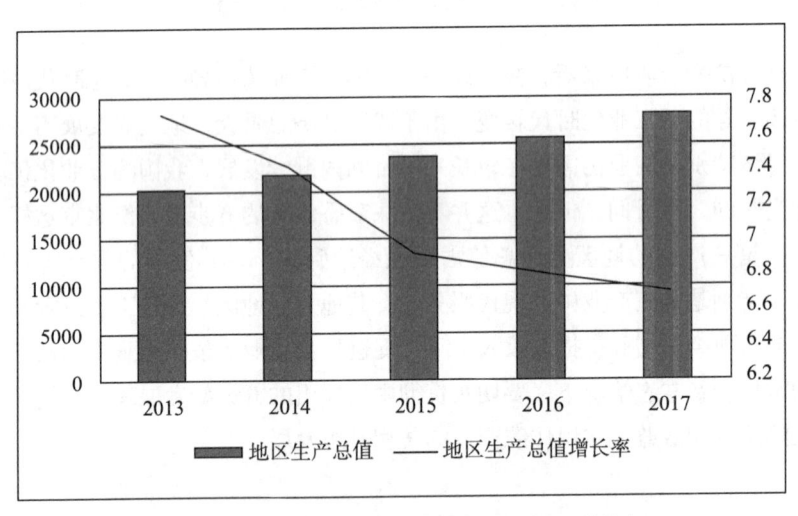

图 3-3　2013—2017 年北京市地区生产总值及增长率

2013—2017 年，北京市地区生产总值增长率逐年下降，2017 年为 6.7%，稍低于全国 6.9% 的增长率水平。

表 3-4　2013—2017 年北京市地区生产总值构成　　　　　单位：%

年　度	合　计	第一产业占比	第二产业占比	第三产业占比
2013	100.0	0.8	21.6	77.6
2014	100.0	0.7	21.3	78.0
2015	100.0	0.6	19.7	79.7
2016	100.0	0.5	19.3	80.2
2017	100.0	0.4	19.0	80.6

2013—2017 年，北京市第一、第二产业地区生产总值占比逐年下降，第三产业占比逐年提高，2016 年已经超过 80%，北京经济已经是以第三产业为主导的经济，进入工业化的后期阶段。

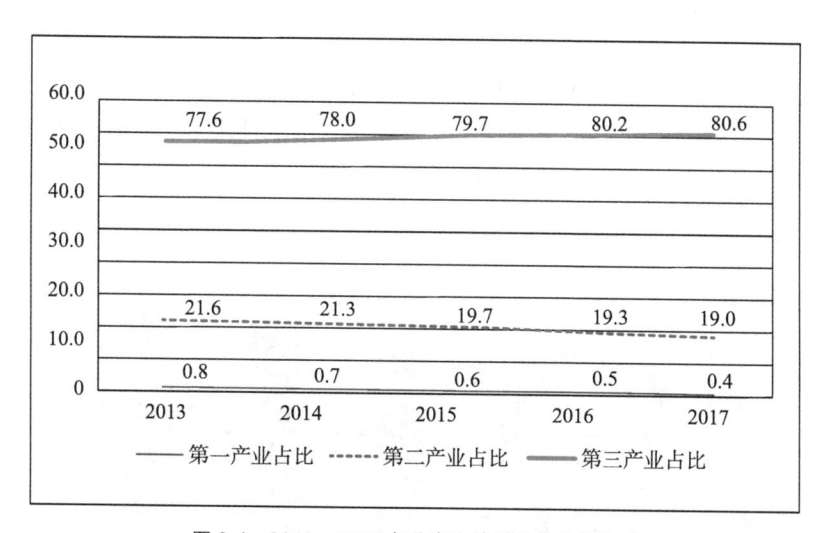

图 3-4　2013—2017 年北京市地区生产总值构成

北京的发展，重点是落实北京的城市定位，把北京建设成全国的政治中心、文化中心、国际交往中心和科技创新中心，到 2030 年，北京要初步建成国际一流的和谐宜居之都。要在落实北京城市功能定位和实现城市长远建设目标的前提下谋划北京的经济发展、产业布局等工作。经济发展要更好地服务北京城市的定位和建设目标。

（三）天津市经济发展基本情况

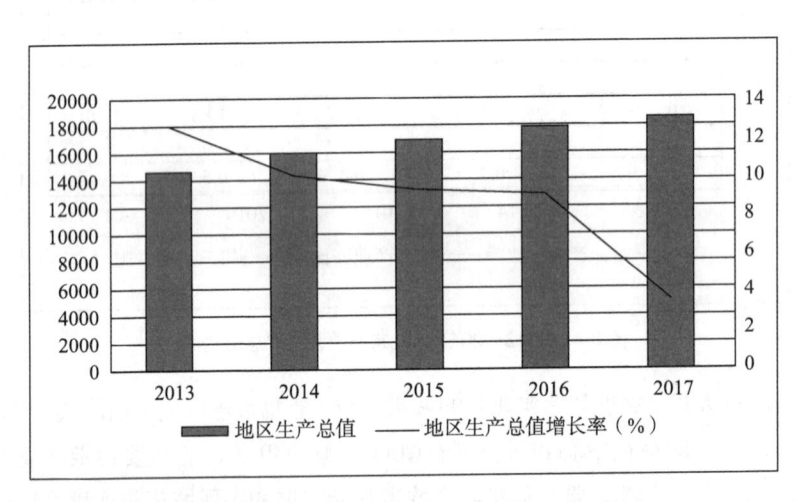

表 3-5　2013—2017 年天津市地区生产总值及增长率　　单位：亿元

年　度	地区生产总值	第一产业地区生产总值	第二产业地区生产总值	第三产业地区生产总值	地区生产总值增长率（%）
2013	14689.94	186.96	7460.06	7042.92	12.5
2014	16002.98	199.90	7933.53	7869.55	10.0
2015	16837.86	208.82	7918.10	8710.94	9.3
2016	17885.39	220.22	7571.35	10093.82	9.0
2017	18595.38	218.28	7590.36	10786.74	3.6

资料来源：天津市统计局

2017 年，天津市地区生产总值达到 18595.38 亿元，其中第一产业地区生产总值为 218.28 亿元，第二产业地区生产总值为 7590.36 亿元，第三产业地区生产总值为 10786.74 亿元，其中 2015 年，第三产业地区生产总值超过第二产业地区生产总值。

图 3-5　2013—2017 年天津市地区生产总值及增长率

2013—2017 年，天津市地区生产总值增长率连续下降，特别是 2017 年增长率只有3.6%,远低于全国平均水平,这与天津市以重化工业为主导,依靠投资增长带动发展模式有较大关系。

表 3-6　2013—2017 年天津市地区生产总值构成　　　　单位：%

年　度	合　计	第一产业占比	第二产业占比	第三产业占比
2013	100.0	1.3	50.8	47.9
2014	100.0	1.2	49.6	49.2
2015	100.0	1.2	47.0	51.8
2016	100.0	1.2	42.3	56.5
2017	100.0	1.2	40.8	58.0

资料来源：根据表 3-5 数据计算

天津市第一和第二产业地区生产总值合计占比逐年下降,第三产业地区生产总值占比逐年提高,但第二产业占比仍在40%以上。

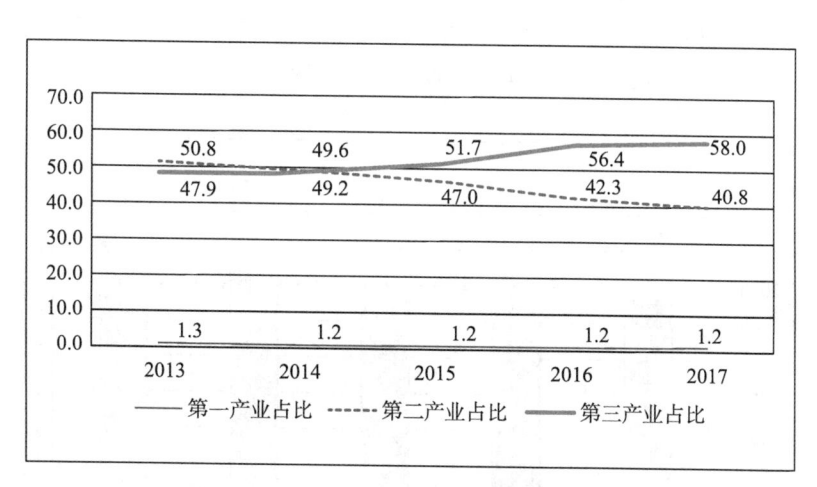

图 3-6　2013—2017 年天津市地区生产总值构成

天津市作为我国重要的经济中心城市,其重化工业发展居于主导地位,随着经济的转型升级,传统的重化工业出现产能过剩,单纯地靠扩大投资带动增长已经遇到了瓶颈。过分依赖重化工业、第三产业发展滞后成为制约天津市经济发展的一个不利因素。

（四）河北省经济发展基本情况

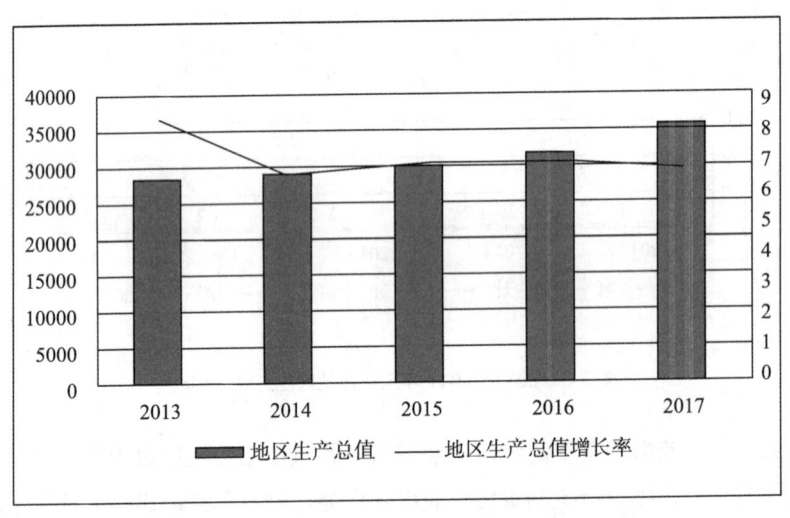

表 3-7　2013—2017 年河北省地区生产总值及增长率　　　　单位：亿元

年　度	地区生产总值	第一产业地区生产总值	第二产业地区生产总值	第三产业地区生产总值	地区生产总值增长率（%）
2013	28443.0	3500.4	14762.1	10180.5	8.2
2014	29421.2	3447.5	15020.2	10953.5	6.5
2015	29806.1	3439.4	14388.0	11978.7	6.8
2016	31827.9	3492.8	15058.5	13276.6	6.8
2017	35964.0	3507.9	17416.5	15039.6	6.7

资料来源：河北省统计局

2017 年，河北省地区生产总值达到 35964.0 亿元，其中第一产业地区生产总值为 3507.9 亿元，第二产业地区生产总值为 17416.5 亿元，第三产业地区生产总值为 15039.6 亿元，其中第二产业仍占主导地位。

图 3-7　2013—2017 年河北省地区生产总值及增长率

2013—2017 年，河北省地区生产总值增长率有所下降，但逐渐趋于稳定，接近全国的平均水平。

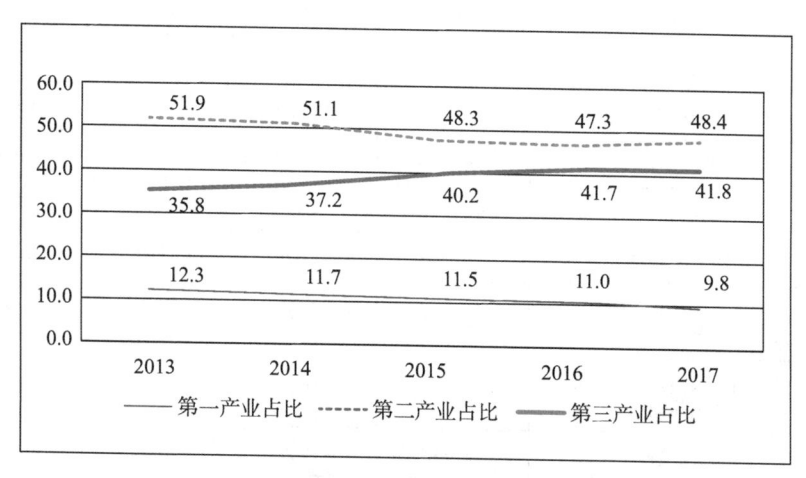

第三章 京津冀经济与产业发展状况分析

表 3-8　2013—2017 年河北省地区生产总值构成　　　　单位：%

年　度	合　计	第一产业占比	第二产业占比	第三产业占比
2013	100.0	12.3	51.9	35.8
2014	100.0	11.7	51.1	37.2
2015	100.0	11.5	48.3	40.2
2016	100.0	11.0	47.3	41.7
2017	100.0	9.8	48.4	41.8

资料来源：根据表 3-7 数据计算

2013—2017 年，河北省第一产业地区生产总值占比下降，第二产业地区生产总值占比整体下降，第三产业地区生产总值占比上升，但第二产业占比仍是最大，占据主导地位，由此看出河北省仍处于工业化的中期阶段。

图 3-8　2013—2017 年河北省地区生产总值构成

2013—2017 年，河北省的第二产业地区生产总值占比高于全国水平，第三产业地区生产总值低于全国水平，这说明河北省第二产业发展具有优势，第三产业发展相对不足。

综合来看，由于京津冀三地在经济发展水平有差异，产业发展侧重点不同，具有一定的互补性，因此为京津冀产业协同发展提供了一定的必要性和可能性。

（五）京津冀规模以上工业企业情况

表 3-9　2016 年京津冀规模以上工业企业主营业务收入　　　单位：亿元

	全　国	北京市	河北省	天津市
合计	1158998.52	19746.96	47318.60	25888.20
煤炭开采和洗选业	22328.52	0.00	1193.74	10.60
石油和天然气开采业	6469.96	0.00	118.72	601.38
黑色金属矿采选业	6085.83	201.93	1637.22	96.73
有色金属矿采选业	6174.77	0.00	45.80	0.00
非金属矿采选业	5435.47	0.00	117.99	14.66
开采辅助活动	1552.68	122.96	0.00	215.43
农副食品加工业	68825.16	453.96	2268.88	871.26
食品制造业	23955.38	511.09	1128.01	1468.67
酒饮料和精制茶制造业	18538.03	185.22	509.03	186.75
烟草制品业	8686.38	0.00	148.05	0.00
纺织业	40844.21	21.95	1836.00	137.28
纺织服装、服饰业	23741.36	119.54	435.01	418.42
皮革、毛皮、羽毛及其制品和制鞋业	15163.04	10.64	1381.25	110.90
木材加工和木、竹、藤、棕、草制品业	14791.33	19.26	272.82	21.41
家具制造业	8779.64	74.26	295.00	133.32
造纸和纸制品业	14622.82	63.53	473.56	233.42
印刷和记录媒介复制业	8057.87	129.10	357.46	112.45
文教、工美、体育和娱乐用品制造业	16993.12	148.08	413.01	491.57
石油加工、炼焦和核燃料加工业	34532.38	526.88	1742.31	1232.70
化学原料和化学制品制造业	87293.98	328.21	2548.15	1419.26
医药制造业	28206.11	809.03	945.78	567.41

续表

	全　国	北京市	河北省	天津市
化学纤维制造业	7782.48	0.00	247.80	4.13
橡胶和塑料制品业	32456.55	103.10	1310.99	631.96
非金属矿物制品业	62002.04	462.77	1986.55	417.48
黑色金属冶炼和压延加工业	61986.59	110.13	10627.62	3605.72
有色金属冶炼和压延加工业	53393.18	76.11	529.97	948.95
金属制品业	39917.07	320.81	3046.76	1442.08
通用设备制造业	48200.40	527.82	1525.19	1234.28
专用设备制造业	37414.51	608.35	1478.45	934.00
汽车制造业	81347.16	4802.00	2597.23	2342.80
铁路、船舶、航空航天和其他运输设备	19324.92	405.54	540.41	1299.93
电气机械和器材制造业	73642.26	738.78	2246.42	1268.76
计算机、通信和其他电子设备制造业	99629.48	2715.14	518.22	1932.92
仪器仪表制造业	9536.29	304.63	105.87	87.35
其他制造业	2792.50	69.44	78.56	126.39
废弃资源综合利用业	4070.82	6.28	89.00	192.56
金属制品、机械和设备修理业	1183.92	91.46	14.95	28.29
电力、热力生产和供应业	55006.77	4112.34	2277.07	838.35
燃气生产和供应业	6061.34	382.71	180.89	102.01
水的生产和供应业	2141.88	93.24	48.52	54.04

资料来源：国家统计局网站

规模以上工业企业代表了工业的整体实力和发展水平。2016年，全国规模以上工业企业实现主营业务收入1158998.52亿元，其中北京市规模以上工业企业主营业务收入19746.96亿元，河北省规模以上工业企业主营业务收入47318.60亿元，天津市规模以上工业企业主营业务收入25888.20亿元。

表 3-10　2016年京津冀规模以上工业企业主营业务收入构成　　单位：%

	全国	北京市	河北省	天津市
合计	100.0	100.0	100.0	100.0
煤炭开采和洗选业	1.93	0.00	2.52	0.04
石油和天然气开采业	0.56	0.00	0.25	2.32
黑色金属矿采选业	0.53	1.02	3.46	0.37
有色金属矿采选业	0.53	0.00	0.10	0.00
非金属矿采选业	0.47	0.00	0.25	0.06
开采辅助活动	0.13	0.62	0.00	0.83
农副食品加工业	5.94	2.30	4.79	3.37
食品制造业	2.07	2.59	2.38	5.67
酒饮料和精制茶制造业	1.60	0.94	1.08	0.72
烟草制品业	0.75	0.00	0.31	0.00
纺织业	3.52	0.11	3.88	0.53
纺织服装、服饰业	2.05	0.61	0.92	1.62
皮革、毛皮、羽毛及其制品和制鞋业	1.31	0.05	2.92	0.43
木材加工和木、竹、藤、棕、草制品业	1.28	0.10	0.58	0.08
家具制造业	0.76	0.38	0.62	0.51
造纸和纸制品业	1.26	0.32	1.00	0.90
印刷和记录媒介复制业	0.70	0.65	0.76	0.43
文教、工美、体育和娱乐用品制造业	1.47	0.75	0.87	1.90
石油加工、炼焦和核燃料加工业	2.98	2.67	3.68	4.76
化学原料和化学制品制造业	7.53	1.66	5.39	5.48
医药制造业	2.43	4.10	2.00	2.19
化学纤维制造业	0.67	0.00	0.52	0.02
橡胶和塑料制品业	2.80	0.52	2.77	2.44
非金属矿物制品业	5.35	2.34	4.20	1.61
黑色金属冶炼和压延加工业	5.35	0.56	22.46	13.93
有色金属冶炼和压延加工业	4.61	0.39	1.12	3.67

续表

	全国	北京市	河北省	天津市
金属制品业	3.44	1.62	6.44	5.57
通用设备制造业	4.16	2.67	3.22	4.77
专用设备制造业	3.23	3.08	3.12	3.61
汽车制造业	7.02	24.32	5.49	9.05
铁路、船舶、航空航天和其他运输设备制造业	1.67	2.05	1.14	5.02
电气机械和器材制造业	6.35	3.74	4.75	4.90
计算机、通信和其他电子设备制造业	8.60	13.75	1.10	7.47
仪器仪表制造业	0.82	1.54	0.22	0.34
其他制造业	0.24	0.35	0.17	0.49
废弃资源综合利用业	0.35	0.03	0.19	0.74
金属制品、机械和设备修理业	0.10	0.46	0.03	0.11
电力、热力生产和供应业	4.75	20.83	4.81	3.24
燃气生产和供应业	0.52	1.94	0.38	0.39
水的生产和供应业	0.18	0.47	0.10	0.21

资料来源：根据表3-9数据计算

全国来看，计算机、通信和其他电子设备制造业占比最高，达到8.60%；其次是化学原料和化学制品制造业，占7.53%；汽车制造业占7.02%。北京市占比最高的是汽车制造业，占24.32%，电力、热力生产和供应业占20.83%，计算机、通信和其他电子设备制造业占13.75%。河北省以钢铁为主的黑色金属冶炼和压延加工业占22.46%，远远超过排第二位的金属制品业。天津市排在前三位的是黑色金属冶炼和压延加工业、汽车制造业以及计算机、通信和其他电子设备制造业，分别与北京市、河北省重合。

（六）京津冀的工业区位优势比较

区位商通常用来反映各地区不同产业所具有的优势。用某一产业在某一地区所有产业中的占比除以这一产业在全国所有产业中的占比计算,这一数值越大,说明该地区该产业越具有比较优势,区位商数值为1,表示该产业在该地区达到全国的平均水平。下表是以全国作为一个整体计算的京津冀工业各产业区位商。

表 3-11 京津冀工业各产业区位商(以全国为整体计算)

	北京市	河北省	天津市
煤炭开采和洗选业	0.00	1.31	0.02
石油和天然气开采业	0.00	0.45	4.16
黑色金属矿采选业	1.95	6.59	0.71
有色金属矿采选业	0.00	0.18	0.00
非金属矿采选业	0.00	0.53	0.12
开采辅助活动	4.65	0.00	6.21
农副食品加工业	0.39	0.81	0.57
食品制造业	1.25	1.15	2.74
酒饮料和精制茶制造业	0.59	0.67	0.45
烟草制品业	0.00	0.42	0.00
纺织业	0.03	1.10	0.15
纺织服装、服饰业	0.30	0.45	0.79
皮革、毛皮、羽毛及其制品和制鞋业	0.04	2.23	0.33
木材加工和木、竹、藤、棕、草制品业	0.08	0.45	0.06
家具制造业	0.50	0.82	0.68
造纸和纸制品业	0.25	0.79	0.71
印刷和记录媒介复制业	0.94	1.09	0.62
文教、工美、体育和娱乐用品制造业	0.51	0.60	1.30
石油加工、炼焦和核燃料加工业	0.90	1.24	1.60
化学原料和化学制品制造业	0.22	0.71	0.73
医药制造业	1.68	0.82	0.90
化学纤维制造业	0.00	0.78	0.02
橡胶和塑料制品业	0.19	0.99	0.87
非金属矿物制品业	0.44	0.78	0.30
黑色金属冶炼和压延加工业	0.10	4.20	2.60
有色金属冶炼和压延加工业	0.08	0.24	0.80

续表

	北京市	河北省	天津市
金属制品业	0.47	1.87	1.62
通用设备制造业	0.64	0.78	1.15
专用设备制造业	0.95	0.97	1.12
汽车制造业	3.46	0.78	1.29
铁路、船舶、航空航天和其他运输设备制造业	1.23	0.68	3.01
电气机械和器材制造业	0.59	0.75	0.77
计算机、通信和其他电子设备制造业	1.60	0.13	0.87
仪器仪表制造业	1.87	0.27	0.41
其他制造业	1.46	0.69	2.03
废弃资源综合利用业	0.09	0.54	2.12
金属制品、机械和设备修理业	4.53	0.31	1.07
电力、热力生产和供应业	4.39	1.01	0.68
燃气生产和供应业	3.71	0.73	0.75
水的生产和供应业	2.55	0.55	1.13

资料来源：作者根据相关数据计算

在工业各门类中，北京市各产业区位商大于1的有黑色金属矿采选业，开采辅助活动，食品制造业，医药制造业，汽车制造业，铁路、船舶、航空航天和其他运输设备制造业，计算机、通信和其他电子设备制造业，仪器仪表制造业，其他制造业，金属制品、机械和设备修理业，电力、热力生产和供应业，燃气生产和供应业，水的生产和供应业。由此看出，北京市具有优势的产业主要是汽车制造、高端设备制造等产业，以及电力、燃气、供水等基础性产业，另外是黑色金属矿采选业、开采辅助活动、食品制造业、医药制造业。从发展的角度看，黑色金属矿采选业、食品加工业等产业属于北京限制发展的产业，医药制造业、汽车制造、高端设备制造等属于重点发展的优势产业。

天津市各产业区位商大于1的有石油和天然气开采业，开采辅助活动，食品制造业，文教、工美、体育和娱乐用品制造业，石油加工、炼焦和核燃料加工业，黑色金属冶炼和压延加工业，金属制品业，通用设备制造业，专用设备制造业，汽车制造业，铁路、船舶、航空航天和其他运输设备制造业，其他制造业，废弃资源综合利用业，金属制品、机械和设备修理业，水的生产和供应业。

河北省各产业区位商大于1的有煤炭开采和洗选业，黑色金属矿采选业，食品制造业，纺织业，皮革、毛皮、羽毛及其制品和制鞋业，印刷和记录媒介复制业，石油加工、炼焦和核燃料加工业，黑色金属冶炼和压延加工业，金属制品业，电力、热力生产和供应业等。

综合产业构成和区位商因素，北京市的汽车制造业，电力、热力生产和供应业是其绝对主导的优势产业，其次是计算机、通信和其他电子设备制造业，医药制造业则有较大的发展潜力。河北省最具优势的主导产业是黑色金属冶炼和压延加工业，这说明河北省过度依赖钢铁这类重工业，随着房地产和基础设施建设速度的放缓，河北省的产业必然会受到较大的冲击。其次，具有一定比较优势的主导产业是金属制品业。天津市的主导优势产业有黑色金属冶炼和压延加工业，铁路、船舶、航空航天和其他运输设备制造业，汽车制造业，金属制品业，食品制造业等。北京市和天津市在汽车制造业方面有直接的竞争关系，河北省和天津市在黑色金属冶炼和压延加工业、金属制品业方面有直接竞争关系，北京市和河北省主导优势产业之间不存在直接竞争关系。

表3-12 京津冀工业各产业区位商（以京津冀为整体计算）

	北京市	河北省	天津市
煤炭开采和洗选业	0.00	1.95	0.03
石油和天然气开采业	0.00	0.32	3.00
黑色金属矿采选业	0.49	1.66	0.18
有色金属矿采选业	0.00	1.96	0.00
非金属矿采选业	0.00	1.75	0.40
开采辅助活动	1.71	0.00	2.29
农副食品加工业	0.59	1.24	0.87
食品制造业	0.77	0.71	1.70
酒饮料和精制茶制造业	0.99	1.14	0.76
烟草制品业	0.00	1.96	0.00
纺织业	0.05	1.81	0.25
纺织服装、服饰业	0.58	0.88	1.54
皮革、毛皮、羽毛及其制品和制鞋业	0.03	1.81	0.26
木材加工和木、竹、藤、棕、草制品业	0.29	1.71	0.25

续表

	北京市	河北省	天津市
家具制造业	0.70	1.15	0.95
造纸和纸制品业	0.39	1.21	1.09
印刷和记录媒介复制业	1.01	1.17	0.67
文教、工美、体育和娱乐用品制造业	0.66	0.77	1.68
石油加工、炼焦和核燃料加工业	0.71	0.98	1.26
化学原料和化学制品制造业	0.36	1.17	1.19
医药制造业	1.64	0.80	0.88
化学纤维制造业	0.00	1.93	0.06
橡胶和塑料制品业	0.24	1.26	1.11
非金属矿物制品业	0.76	1.36	0.52
黑色金属冶炼和压延加工业	0.04	1.46	0.90
有色金属冶炼和压延加工业	0.23	0.67	2.19
金属制品业	0.31	1.24	1.08
通用设备制造业	0.76	0.91	1.35
专用设备制造业	0.95	0.96	1.11
汽车制造业	2.32	0.52	0.86
铁路、船舶、航空航天和其他运输设备制造业	0.85	0.47	2.08
电气机械和器材制造业	0.82	1.04	1.07
计算机、通信和其他电子设备制造业	2.47	0.20	1.34
仪器仪表制造业	2.88	0.42	0.63
其他制造业	1.19	0.56	1.65
废弃资源综合利用业	0.10	0.61	2.40
金属制品、机械和设备修理业	3.20	0.22	0.75
电力、热力生产和供应业	2.68	0.62	0.42
燃气生产和供应业	2.71	0.53	0.55
水的生产和供应业	2.24	0.49	0.99

资料来源：作者根据相关数据计算

按照京津冀为一个区域整体，计算三省市的区位商反映在京津冀区域内的相对优势产业。北京市区位商大于1的产业有汽车制造业，计算机、通信和其他电子设备制造业，仪器仪表制造业，其他制造业，金属制品、机械和设备修理业，电力、热力生产和供应业，燃气生产和供应业，水的生产和供应业，医药制造业，印刷和记录媒介复制业，开采辅助活动等。河北省区位商大于1的产业有煤炭开采和洗选业，黑色金属矿采选业，有色金属矿采选业，非金属矿采选业，农副食品加工业，酒饮料和精制茶制造业，烟草制品业，纺织业，皮革、毛皮、羽毛及其制品和制鞋业，木材加工和木、竹、藤、棕、草制品业，家具制造业，造纸和纸制品业，印刷和记录媒介复制业，化学原料和化学制品制造业，化学纤维制造业，橡胶和塑料制品业，非金属矿物制品业，黑色金属冶炼和压延加工业，金属制品业，电气机械和器材制造业等，可见河北省在很多传统制造业方面具有区位优势。天津市区位商大于1的产业有石油和天然气开采业，开采辅助活动，食品制造业，纺织服装、服饰业，造纸和纸制品业，文教、工美、体育和娱乐用品制造业，石油加工、炼焦和核燃料加工业，化学原料和化学制品制造业，橡胶和塑料制品业，有色金属冶炼和压延加工业，金属制品业，通用设备制造业，专用设备制造业，铁路、船舶、航空航天和其他运输设备制造业，电气机械和器材制造业，计算机、通信和其他电子设备制造业，其他制造业，废弃资源综合利用业等，天津市具有区位优势的产业主要集中在重化工业。

（七）京津冀产业发展政策与态势

2018年，北京市制定了加快科技创新、构建高精尖经济结构的系列文件，具体包括：《北京市加快科技创新发展新一代信息技术产业的指导意见》《北京市加快科技创新发展集成电路产业的指导意见》《北京市加快科技创新发展医药健康产业的指导意见》《北京市加快科技创新发展智能装备产业的指导意见》《北京市加快科技创新发展节能环保产业的指导意见》《北京市加快科技创新培育新能源智能汽车产业的指导意见》《北京市加快科技创新发展新材料产业的指导意见》《北京市加快科技创新培育人工智能产业的指导意见》《北京市加快科技创新发展软件和信息服务业的指导意见》《北京市加快科技创新发展科技服务业的指导意见》等12项文件。此次系列文件选取了新一代信息技术、集成电路、医药健康、智能装备、节能环保、新能源智能汽车、新材料、人工智能、软件和信息服务以及科技服务业等十个产业作为重点发展的高精尖产业。

2018年5月11日，天津市人民政府办公厅印发了《天津市关于加快推进智能科技产业发展的若干政策》，指出了抢抓智能科技产业发展的重大战略机遇，加强政策引导和扶持，聚焦智能终端产品、传统产业智能化改造、智能化应用等智能科技重点领域，加大对互联网、云计算、大数据等"软产业"的支持力度，壮大智能科技产业，抢占发展制高点，助力天津实现高质量发展。

具体政策包括，设立财政专项资金，支持传统产业智能化改造和新兴产业培育；设立新一代人工智能科技产业基金；建设智能科技人才高地；提升研发创新能力；培育引进骨干企业；推进智能科技协同发展；加快大数据产业发展；强化知识产权保护。

可见，天津产业发展的重心是现有的传统产业或者主导产业的智能化改造和升级，通过运用新技术提升传统产业的内涵和效益，实现更高水平、更高质量的发展。并加大科技研发和成果转化，布局智能机器人、工业互联网、智能汽车制造等新一代技术和新兴产业，形成新的产业集群和增长点，占领未来产业的高地。

天津未来产业发展的重心，与北京既有相同或相近的领域，如智能装备制造、智能汽车制造、智能机器人等领域，也存在着差异和互补的可能性，如北京的医药健康产业、软件和信息服务业、科技服务业等。

2018年2月7日，河北省人民政府印发了《河北省战略性新兴产业发展三年行动计划》的通知，对河北省战略新兴产业发展进行整体布局。提出进一步聚焦发展重点，组织实施十个专项行动，建设六大工程和一批产业基地集群，加快培育新一代信息技术、新能源汽车、节能环保等产业发展新高地，着力打造生物、新能源、高端装备、新材料产业竞争新优势，为构建河北现代化经济体系提供有力支撑。在战略性新兴产业细分行业和领域，选择大数据与物联网、信息技术制造业、人工智能与智能装备、生物医药健康、高端装备制造、新能源与智能电网、新能源汽车与智能网联汽车、新材料、先进环保、未来产业等10个领域，作为未来三年的主攻方向，以带动战略性新兴产业发展的整体跃升。

到 2020 年，大数据与物联网、生物医药健康等 10 个重点领域主营业务收入超 1.7 万亿元，促使全省战略性新兴产业增加值达到 5000 亿元，占 GDP 比重达到 12%以上，成为国民经济的重要支柱产业。

河北省重点发展的产业，人工智能、大数据与物联网、高端装备制造、智能汽车制造等与北京、天津相似，信息技术制造业、新能源与智能电网等则与京津有互补。

可见，在政府产业发展战略层面，京津冀之间既存在一定的竞争，也存在三者之间的分工、互补与合作的可能性。

表 3-13　2017 年北京市各产业增加值比重及增长率　　　　单位：%

行　业	比　重	增长率
农、林、牧、渔业	0.4	−6.1
工业	15.3	5.4
建筑业	4.1	1.6
批发零售业	8.9	6.7
交通、运输和仓储业	4.3	12.1
住宿和餐饮业	1.5	2.3
信息传输、软件和信息服务业	11.3	12.6
金融业	16.6	7.0
房地产业	6.3	−1.6
租赁和商务服务业	7.0	3.2
科学研究和技术服务业	10.2	10.7
水利、环境和公共设施管理业	0.9	12.1
居民服务、修理和其他服务业	0.6	2.8
教育	4.8	8.3
卫生和社会工作	2.5	7.4
文化、体育和娱乐业	2.1	2.5
公共管理、社会保障和社会组织	3.2	6.9

资料来源：北京市统计局

北京市第一产业占比小，2017年增长率为负数，属于传统产业，对北京市未来的整体经济发展影响不大。工业整体占比较大，平均增长率5.4%，略低于北京市经济整体增长率，需要转型升级发展。占比较大、增长较快的产业是信息传输、软件和信息服务业，金融业、科学研究和技术服务业是主导产业也是战略新兴产业。交通、运输和仓储业，教育，卫生和社会工作，公共管理、社会保障和社会组织等产业增长较快，具有较大的发展潜力。

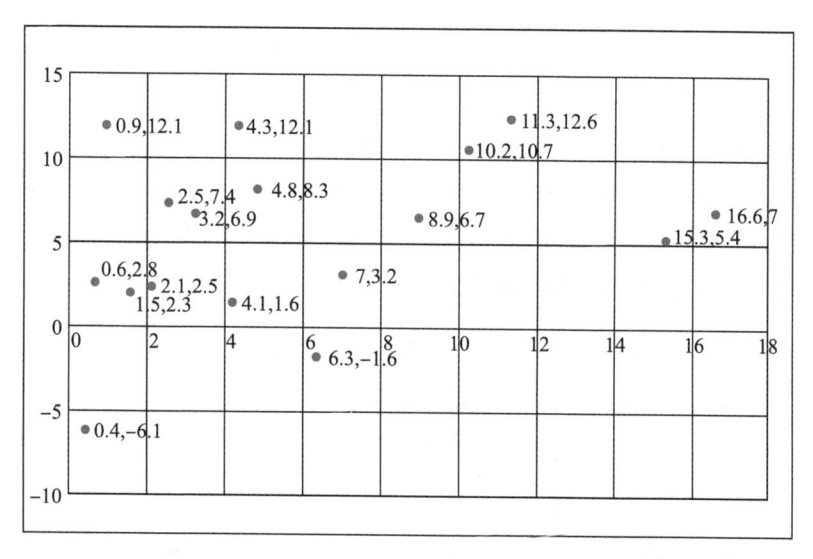

图3-9　2017年北京市各产业增加值比重及增长率

表3-14　2017年北京市工业重点行业增加值比重及增长率　　　　单位：%

	比重	增长率
石油加工、炼焦和核燃料加工业	3.2	6.6
化学原料和化学制品制造业	2.2	-0.2
医药制造业	10.0	18.8
非金属矿物制品业	2.0	-9.3
通用设备制造业	3.7	13.2
专用设备制造业	3.9	6.6
汽车制造业	20.7	-2.9

续表

	比 重	增长率
铁路、船舶、航空航天和其他运输设备制造业	1.8	7.1
电气机械和器材制造业	4.0	7.0
计算机、通信和其他电子设备制造业	7.1	10.8
仪器仪表制造业	2.3	10.5
电力、热力生产和供应业	18.6	9.3

资料来源：北京市统计局

北京市工业重点行业中，占比较大、增长率较高的行业是电力、热力生产和供应业，医药制造业，计算机、通信和其他电子设备制造业，其中，汽车制造业所占比重最大，但2017年出现下滑。通用设备制造业增长13.2%，仪器仪表制造业增长10.5%，具有较大的发展潜力。

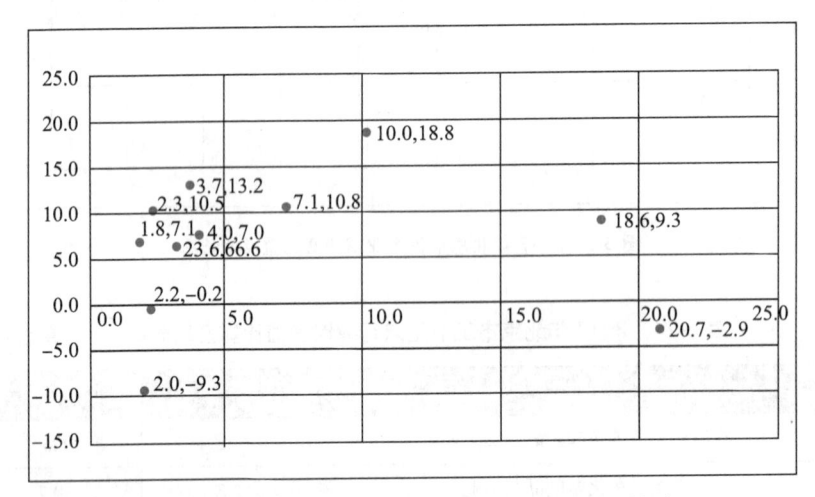

图3-10　2017年北京市工业重点行业增加值比重及增长率

2017年，天津市生产总值（GDP）为18595.38亿元，按可比价格计算，比上年增长3.6%。其中，第一产业增加值为218.28亿元，增长2.0%；第二产业增加值为7590.36亿元，增长1.0%；第三产业增加值为10786.74亿元，增长6.0%。天津市整体经济增长缓慢，尤其是第二产业增速最慢，第三产业增速相对较快。天津市2017年工业增加值为6863.98亿元，增长2.3%；建筑业增加值为747.23亿元，下降10.9%。批发和零售业增加值2346.03亿元，增长5.1%；住宿和餐饮业增加值为309.10亿元，增长5.2%。交通运输、仓储和邮政业增加值为780.40亿元，增长6.1%。金融业增加值为1951.75亿元，增长8.0%。规模以上工业战略性新兴产业增加值增长3.9%，快于全市1.6个百分点；高技术产业（制造业）增加值增长10.4%，快于全市8.1个百分点，对工业增长的贡献率达到64.6%。符合产业升级方向和市场要求的新产品生产形势较好，碳纤维增强复合材料、太阳能电池、锂离子电池、集成电路、服务机器人和城市轨道车辆产量分别增长29.3%、27.9%、26.6%、14.2%、3.5%和2.3%。

2017年，河北省生产总值实现35964.0亿元的预期，比上年增长6.7%。其中，第一产业增加值为3507.9亿元，增长3.9%；第二产业增加值为17416.5亿元，增长3.4%；第三产业增加值为15039.6亿元，增长11.3%。第一产业增加值占全省生产总值的比重为9.8%，第二产业增加值比重为48.4%，第三产业增加值比重为41.8%。

全部工业增加值为15325.8亿元，比上年增长3.0%，其中规模以上工业增加值增长3.4%。规模以上工业中，装备制造业增加值比上年增长12.1%，装备制造业可比价增加值占规模以上工业的比重为27.0%，比钢铁工业高2.2个百分点；钢铁工业增加值下降0.1%；石化工业增加值下降3.6%；医药工业增加值增长7.9%；建材工业增加值下降1.3%；食品工业增加值增长6.5%；纺织服装业增加值增长1.2%。六大高耗能行业增加值下降2.1%。其中，煤炭开采和洗选业下降28.4%，石油加工、炼焦及核燃料加工业下降8.1%，黑色金属冶炼及压延加工业下降3.0%，化学原料及化学制品制造业下降2.0%，非金属矿物制品业增长3.6%，电力、热力的生产和供应业增长5.8%。高新技术产业增加值增长11.3%，占规模以上工业的比重为18.4%。其中，新能源、生物、电子信息、高端装备技术制造领域增加值分别增长17.2%、15.3%、14.9%和13.9%。交通运输、仓储和邮政业实现增加值2494.9亿元的预期，比上年增长8.5%。

第四章 基于投入产出分析的京津冀产业关联分析

（一）投入产出法概述

1. 投入产出分析法

投入产出分析法是产业关联分析的基本方法，它通过对投入产出表所代表的线性代数方程体系的分析，构建起经济模型来模拟各个产业部门增加投入、生产产品、分配产品和进行再生产的过程，进而分析某一产业和其他产业之间的经济技术关系，最后得出产业之间数量上的规律性。简而言之，投入产出法就是运用投入产出模型，得出产业间"投入"与"产出"的数量比例关系的方法。所谓投入是指产品生产所需要的原材料、燃料、动力、固定资产折旧和劳动力等，也是任何产业从事经济活动所必需的物质资料和劳动力消耗。所谓产出是指生产出的产品总量，包括中间产品和最终产品，而最终产品的分配方向主要指生活消费、积累和净出口。投入产出分析法应用广泛，许多理论问题和实际问题均可使用该方法进行实证性研究。

2. 投入产出表

投入产出表又被称为部门联系平衡表或产业关联表，是一个纵横交叉的矩阵平衡表格。投入产出表是由三大象限组成的，第一象限旨在反映各部门互相分配，互相消耗中间产品的情况，故又称为中间产品象限。它是投入产出表的基本部分或核心部分。从水平方向看，表明各个部门的产品除了自用之外，分配给其他部门作为中间产品的情况；从垂直方向看，表明各个部门为了生产一定的产品而消耗其他部门（包括本部门）产品的情况。本象限除了能反映中间产品的分配和消耗情况外，更重要的是能够反映国民经济各部门间的生产技术联系。而第二象限和第三象限分别被称为最终使用象限和增加值象限。

表 4-1 简化的价值型投入产出表

分配去向 投入来源		中间使用				最终使用	总产出
		部门 1	部门 2	⋯	部门 n		
中间投入	部门 1	x_{11}	x_{12}	⋯	x_{1n}	Y_1	X_1
	部门 2	x_{21}	x_{22}	⋯	x_{2n}	Y_2	X_2
	⋮	⋮	⋮		⋮	⋮	⋮
	部门 n	x_{n1}	x_{n2}	⋯	x_{nn}	Y_n	X_n
初始投入		N_1	N_2	⋯	N_n		
总投入		X_1	X_2	⋯	X_n		

资料来源：作者根据中国 2015 年投入产出表计算

3. 投入产出模型

投入产出模型结合了产品平衡方程和价值平衡方程，该模型将国民经济分为 n 个部门，X_j、Y_j 分别代表部门生产的总产品和最终产品，而 N_j、X_j 则代表 j 部门创造的初始投入（或增加值）和总投入（总产出），从而可以得出产品平衡方程和价值平衡方程：

$$\begin{cases} x_{11}+x_{12}+\cdots+x_{1n}+Y_1=X_1 \\ x_{21}+x_{22}+\cdots+x_{2n}+Y_2=X_2 \\ \quad\quad\quad\vdots \\ x_{n1}+x_{n2}+\cdots+x_{nn}+Y_n=X_n \end{cases} \begin{cases} x_{11}+x_{21}+\cdots+x_{n1}+N_1=X_1 \\ x_{12}+x_{22}+\cdots+x_{n2}+N_2=X_2 \\ \quad\quad\quad\vdots \\ x_{1n}+x_{2n}+\cdots+x_{nn}+N_n=X_n \end{cases}$$

从整个国民经济来看，投入和产出是相对的，一个产业的投入是其他多个产业的产出,而一个产业的产出又是对其他产业的投入。在市场经济的条件下,各产业间投入产出的相互依存关系即表现为商品交换,从而维持了投入产出表中的产品平衡和价值平衡。

4. 产业关联效应的衡量指标

产业关联是指国民经济各部门在社会再生产过程中所形成的直接和间接的相互依存、相互制约的经济联系,是国民经济中一个产业与其他产业之间的技术经济联系,即产业部门之间客观上存在的相互消耗和提供产品的关系,或产业部门之间的投入产出关系。

产业关联反映了社会资源通过不同产业的分工协作,不断延伸最终增加产品附加值、形成社会总产品的过程。产业关联效应是衡量某一产业的投入产出变动对相关产业投入产出水平的影响程度,主要包括前向关联和后向关联,前向关联常用直接分配系数、完全分配系数来测度,而后向关联常用直接消耗系数、完全消耗系数来测度,产业波及效应用影响力系数、感应度系数等来衡量。

(1) 直接消耗系数

直接消耗系数也称为投入系数或者技术系数,是指单位产品的社会平均消耗量。在投入产出模型中,该系数一般用符号 a_{ij} 标志,其经济含义是 j 部门每生产一个单位的总产品对 i 部门的直接消耗数量。直接消耗系数的公式为:

$$a_{ij} = x_{ij}\big/X_j \quad (i, j = 1, 2, 3, \cdots, n)$$

式中,X_j 为 j 部门的总产值,x_{ij} 为 j 部门消耗的 i 部门产品的价值量。该公式用矩阵表示则为:$A = X \times \hat{q}^{-1}$

$$即 \begin{bmatrix} a_{11} & a_{12} & \cdots & a_{1n} \\ a_{21} & a_{22} & \cdots & a_{2n} \\ \vdots & \vdots & & \vdots \\ a_{n1} & a_{n2} & \cdots & a_{nn} \end{bmatrix} = \begin{bmatrix} x_{11} & x_{12} & \cdots & x_{1n} \\ x_{21} & x_{22} & \cdots & x_{2n} \\ \vdots & \vdots & & \vdots \\ x_{n1} & x_{n2} & \cdots & x_{nn} \end{bmatrix} \times \begin{bmatrix} X_1^{-1} & 0 & \cdots & 0 \\ 0 & X_2^{-1} & \cdots & 0 \\ \vdots & \vdots & & \vdots \\ 0 & 0 & \cdots & X_n^{-1} \end{bmatrix}$$

矩阵 A 即为直接消耗系数矩阵,X 则为中间产品流量矩阵,而 $\hat{q}^{-1}$ 为总产品对角矩阵的逆矩阵。

计算直接消耗系数的目的主要有三:(1) 反映各产品之间生产技术的直接联系程度;(2) 作为中间产品和总产品之间的媒介变量;(3) 作为计算完

全消耗系数的基础数据。

作为直接联系不同产业的最基本参数，直接消耗系数代表了一定时期内某些部门的生产技术水平，数值会随时间和部门的变化而变化，但在特定的时期内，部门的生产技术相对稳定，所以直接消耗系数也相对稳定，投入产出分析正是基于这一点来反映各个部门之间的经济技术联系。直接消耗系数越大，关联度越大，表明产业之间的依赖性越强，技术联系和经济联系越紧密。

（2）完全消耗系数

从整个社会的角度考察，产业之间对产品的消耗不仅表现为直接消耗，还表现为间接消耗，即通过其他产品对某一产品的间接消耗，直接消耗和间接消耗的和即为完全消耗。

在投入产出表中，完全消耗系数一般比直接消耗系数更重要，完全消耗系数一般用符号 b_{ij} 表示，说明 j 部门生产单位的最终产品对 i 产品的全部消耗数量。对比直接消耗系数，完全消耗系数有很大的不同。前者相对总产品而言，说明中间产品和总产品之间的数量关系；后者则相对于最终产品而言，说明中间产品和最终产品的数量关系。

在理论上，完全消耗系数由多次的间接消耗系数求和而成：

$$B = A + A^2 + A^3 + \cdots$$

其中，B 为完全消耗矩阵，A 为直接消耗矩阵，A^2、A^3 分别为第一次、第二次、第三次间接消耗矩阵，由于此公式采用无穷级数形式，所以一般在实际中采用它的变换公式：$B = (I-A)^{-1} - I$，其中 $(I-A)^{-1}$ 即为里昂惕夫逆矩阵。

（3）直接分配系数

直接分配系数一般记为 d_{ij}，表示第 i 个部门的所有产出中分配给 j 部门使用部分的比例，其公式为：

$$d_{ij} = {x_{ij}}/{X_i} \quad (i,j = 1,2,3,\cdots,n)$$

式中，X_i 为 i 部门的总产值，x_{ij} 为 i 部门的所有产出分配给 j 部门产品的价值量。直接分配系数越大，说明其他产业对该产业产品的直接需求越大，该产业对国民经济的直接推动作用越强。

(4) 完全分配系数

完全分配系数是分析产业之间直接和间接技术经济联系的指标，其经济含义是：某产业或部门的每一个单位增加值通过直接或间接联系，需要向另一个产业或部门提供的分配量。

完全分配系数一般用 w_{ij} 表示，是 i 部门对 j 部门的直接分配系数和全部间接分配系数之和，它反映了 i 部门对 j 部门直接和间接的贡献程度。直接分配系数只反映了两个部门或产业的产品之间的直接分配关系，而完全分配系数还包括了产品或部门通过作为中间媒介传递的分配关系。

完全分配系数，用矩阵表示为：

$$W = (I - D)^{-1} - I$$

其中，$(I-D)^{-1}$ 即为里昂惕夫逆矩阵，D 表示直接分配系数矩阵，I 为单位矩阵，W 即为完全分配系数矩阵。

(5) 中间投入率

中间投入率指国民经济中所有产业对第 j 产业的中间投入与第 j 产业产品的总投入之比。计算公式为：

$$h_j = \frac{\sum_{i=1}^{n} x_{ij}}{\left(\sum_{i=1}^{n} x_{ij} + N_j\right)} \quad (i, j = 1, 2, 3, \cdots, n)$$

其中，$\sum_{i=1}^{n} x_{ij}$、N_j 分别代表国民经济对 j 产业的中间投入和增加值。

(6) 中间需求率

中间需求率，也叫中间使用率，是指国民经济所有产业对第 i 产业的中间使用与 i 产业的总需求量的比值。计算公式为：

$$k_i = \frac{\sum_{j=1}^{n} x_{ij}}{\left(\sum_{j=1}^{n} x_{ij} + Y_i\right)} \quad (i, j = 1, 2, 3, \cdots, n)$$

其中，$\sum_{j=1}^{n} x_{ij}$、Y_i 分别代表国民经济对 i 产业的中间需求量和最终需求量。

（7）影响力系数

影响力系数用来衡量国民经济某一部门增加一个单位的最终使用时对国民经济各部门所产生的生产需求诱发程度。

影响力系数一般用 G_j 表示，其计算公式为：

$$G_j = \frac{\sum_{i=1}^{n} b_{ij}}{\frac{1}{n}\sum_{j=1}^{n}\sum_{i=1}^{n} b_{ij}} \quad (i,j=1,2,3,\cdots,n)$$

其中，$\sum_{i=1}^{n} b_{ij}$ 表示完全消耗系数矩阵 j 列之和，而 $\frac{1}{n}\sum_{j=1}^{n}\sum_{i=1}^{n} b_{ij}$ 表示完全消耗系数矩阵列之和的平均值。

（8）感应度系数

感应度系数反映了当国民经济各部门均增加一个单位最终使用时，某一部门由此而受到的需求感应程度，也就是需要该部门为其他部门的生产而提供的产出量。感应系数一般用 E_i 表示，计算公式为：

$$E_i = \frac{\sum_{j=1}^{n} w_{ij}}{\frac{1}{n}\sum_{i=1}^{n}\sum_{j=1}^{n} w_{ij}} \quad (i,j=1,2,3,\cdots,n)$$

其中，w_{ij} 为完全分配系数，$\sum_{j=1}^{n} w_{ij}$ 表示完全分配系数矩阵 i 行之和，$\frac{1}{n}\sum_{i=1}^{n}\sum_{j=1}^{n} w_{ij}$ 表示完全分配矩阵行和的平均值。

(二）基于全国投入产出表的产业影响力和感应度分析

利用 2015 年全国 42 个部门投入产出表，分别计算各部门的影响力系数和感应度系数，结果见表 4-2。

表 4-2 各部门的影响力系数和感应度系数

代码	名称	影响力系数	感应度系数
01	农、林、牧、渔产品和服务	0.55	2.38
02	煤炭采选产品	1.02	1.04
03	石油和天然气开采产品	0.71	0.96
04	金属矿采选产品	1.13	0.77
05	非金属矿和其他矿采选产品	1.07	0.42
06	食品和烟草	0.92	1.99
07	纺织品	1.18	1.26
08	纺织服装鞋、帽、皮革、羽绒及其制品	1.12	0.39
09	木材加工品和家具	1.18	0.51
10	造纸印刷和文教体育用品	1.26	1.00
11	石油、炼焦产品和核燃料加工品	1.04	1.40
12	化学产品	1.29	4.63
13	非金属矿物制品	1.26	0.76
14	金属冶炼和压延加工品	1.45	3.20
15	金属制品	1.38	0.96
16	通用设备	1.37	1.13
17	专用设备	1.31	0.58
18	交通运输设备	1.34	1.05
19	电气机械和器材	1.42	1.19
20	通信设备、计算机和其他电子设备	1.42	2.05
21	仪器仪表	1.27	0.32
22	其他制造产品	1.17	0.10

续表

代　码	名　称	影响力系数	感应度系数
23	废品废料	1.31	0.26
24	金属制品、机械和设备修理服务	1.14	0.06
25	电力、热力的生产和供应	1.19	2.51
26	燃气生产和供应	1.05	0.19
27	水的生产和供应	0.90	0.07
28	建筑	1.25	0.22
29	批发和零售	0.46	1.82
30	交通运输、仓储和邮政	0.85	2.05
31	住宿和餐饮	0.75	0.59
32	信息传输、软件和信息技术服务	0.73	0.44
33	金融	0.41	2.25
34	房地产	0.33	0.53
35	租赁和商务服务	1.03	1.59
36	科学研究和技术服务	0.95	0.54
37	水利、环境和公共设施管理	0.75	0.13
38	居民服务、修理和其他服务	0.66	0.33
39	教育	0.28	0.05
40	卫生和社会工作	0.90	0.04
41	文化、体育和娱乐	0.66	0.17
42	公共管理、社会保障和社会组织	0.52	0.10

资料来源：作者根据中国2015年投入产出表计算

在42个部门中，有25个部门的影响力系数大于1，排在前三位的是金属冶炼和压延加工品，电气机械和器材，通信设备、计算机和其他电子设备。有17个部门的感应度系数大于或等于1，其中排在前三位的是化学产品，金属冶炼和压延加工品，电力、热力的生产和供应。影响力系数大于1的部门增加1个单位的最终使用时，对国民经济其他部门的需求诱发合计大于1个单位，对国民经济的带动作用较大。感应度系数大于1的部门，表示当国民经济各部门均增加1个单位的最终使用时，本部门需要提供的最终使用大于1个单位，受到国民经济的影响较大。影响力系数和感应度系数均大于1的部门则在国民经济发展中具有更重要的地位，这些部门包括：煤炭采选产品，纺织品，造纸印刷和文教体育用品，石油、炼焦产品和核燃料加工品，化学产品，金属冶炼和压延加工品，通用设备，交通运输设备，电气机械和器材，通信设备、计算机和其他电子设备，电力、热力的生产和供应，租赁和商务服务。

表4-3 按照影响力系数和感应度系数对部门的分类

影响力系数大于等于1而感应度系数小于1的部门（第Ⅱ象限）	影响力系数、感应度系数均大于或等于1的部门（第Ⅰ象限）
金属矿采选产品，非金属矿和其他采选产品，纺织服装鞋、帽、皮革、羽绒及其制品，木材加工品和家具，非金属矿物制品，金属制品，专用设备，仪器仪表，其他制造产品，废品废料，机械和设备修理服务，燃气生产和供应，建筑	煤炭采选产品，纺织品，造纸印刷和文教体育用品，石油、炼焦产品和核燃料加工品，化学产品，金属冶炼和压延加工品，通用设备，交通运输设备，电气机械和器材，通信设备、计算机和其他电子设备，电力、热力的生产和供应，租赁和商务服务
影响力系数和感应度系数均小于1的部门（第Ⅲ象限）	影响力系数小于1而感应度系数大于或等于1的部门（第Ⅳ象限）
石油和天然气开采产品，水的生产和供应，住宿和餐饮，信息传输、软件和信息技术服务，房地产，科学研究和技术服务，水利、环境和公共设施管理，居民服务、修理和其他服务，教育，卫生和社会工作，文化、体育和娱乐，公共管理、社会保障和社会组织	农、林、牧、渔产品和服务，食品和烟草，批发和零售，交通运输、仓储和邮政，金融

资料来源：作者根据表4-2整理

处于第Ⅰ象限的部门，影响力系数和感应度系数都大于或等于1，其发展受国民经济整体发展影响大，同时对国民经济的影响也大。处于第Ⅱ象限的部门，对国民经济的影响大而受到的影响小。处于第Ⅲ象限的部门对国民经济的影响以及受到的影响都小。处于第Ⅳ象限的部门，受到的影响较大。如果只考虑产业关联的大小而不考虑其他影响因素，第Ⅰ象限的部门是重点发展的部门，第Ⅲ象限的部门是限制发展的部门，第Ⅱ象限和第Ⅳ象限是适当发展的部门。事实上，决定一个地区重点发展的产业影响因素要复杂得多，既要考虑产业关联的影响，也要考虑各部门的属性以及地区发展的战略优先目标。

（三）基于京津冀区域间投入产出表的区域产业影响力与感应度分析

在研究区域产业关联效应时，区域间投入产出表分析是比较可靠的方法。根据天津财经大学化蓉的《京津冀区域间投入产出表编制及分析》一文的研究，京津冀 42 个部门的区域产业影响力系数和感应度系数见表 4-4。

表 4-4 京津冀区域部门影响力系数和感应度系数

代码	名 称	北京市 影响力系数	北京市 感应度系数	天津市 影响力系数	天津市 感应度系数	河北省 影响力系数	河北省 感应度系数
01	农、林、牧、渔产品和服务	0.70	0.62	0.91	0.58	0.60	0.93
02	煤炭采选产品	1.54	1.37	1.56	0.82	1.19	1.14
03	石油和天然气开采产品	2.32	0.51	1.71	0.68	1.28	0.57
04	金属矿采选产品	1.43	0.66	1.46	0.55	1.17	1.82
05	非金属矿和其他矿采选产品	1.29	0.67	1.26	0.66	0.94	0.85
06	食品和烟草	0.66	0.96	0.69	0.92	0.57	1.15
07	纺织品	0.71	0.57	1.05	0.57	0.61	1.03
08	纺织服装鞋、帽、皮革、羽绒及其制品	0.60	0.77	0.61	0.74	0.55	0.81
09	木材加工品和家具	0.80	0.62	0.95	0.55	0.62	0.69
10	造纸印刷和文教体育用品	1.63	1.00	1.62	0.68	1.10	0.98
11	石油、炼焦产品和核燃料加工品	1.14	0.72	1.25	0.87	0.87	2.60
12	化学产品	0.88	1.11	0.97	1.00	0.67	1.70
13	非金属矿物制品	0.85	1.12	1.32	0.65	0.69	1.56
14	金属冶炼和压延加工品	1.64	1.17	1.67	1.56	1.22	4.73
15	金属制品	0.91	1.16	1.07	0.76	0.62	1.03
16	通用设备	0.69	1.11	0.87	0.72	0.60	0.91
17	专用设备	0.62	0.99	0.82	0.63	0.57	0.77
18	交通运输设备	0.62	2.02	0.69	0.93	0.57	0.87
19	电气机械和器材	0.78	1.13	0.87	0.70	0.62	1.04
20	通信设备、计算机和其他电子设备	0.87	1.59	0.90	1.01	0.68	0.63

续表

代码	名称	北京市 影响力系数	北京市 感应度系数	天津市 影响力系数	天津市 感应度系数	河北省 影响力系数	河北省 感应度系数
21	仪器仪表	0.89	0.68	1.10	0.55	0.70	0.53
22	其他制造产品	1.80	0.58	1.51	0.57	1.22	0.55
23	废品废料	1.05	0.51	1.40	0.66	0.80	0.69
24	金属制品、机械和设备修理服务	4.75	0.57	4.58	0.51	4.88	0.61
25	电力、热力的生产和供应	1.25	2.38	1.47	0.78	0.91	1.80
26	燃气生产和供应	0.88	0.59	0.92	0.59	0.68	0.74
27	水的生产和供应	2.58	0.63	2.79	0.65	1.55	0.62
28	建筑	0.53	4.34	0.53	1.78	0.52	2.08
29	批发和零售	0.73	1.17	0.84	0.66	0.63	0.73
30	交通运输、仓储和邮政	0.86	3.73	0.99	1.21	0.71	2.25
31	住宿和餐饮	0.73	0.99	0.75	0.69	0.61	0.77
32	信息传输、软件和信息技术服务	0.62	1.30	0.65	0.59	0.57	0.68
33	金融	0.89	1.21	0.97	0.66	0.68	0.99
34	房地产	0.61	1.46	0.69	0.60	0.56	0.65
35	租赁和商务服务	0.83	1.41	1.03	0.74	0.67	0.77
36	科学研究和技术服务	0.61	2.04	0.59	0.69	0.56	0.81
37	水利、环境和公共设施管理	0.59	0.74	0.57	0.59	0.54	0.54
38	居民服务、修理和其他服务	0.80	0.70	0.81	0.72	0.62	0.96
39	教育	0.55	0.87	0.56	0.69	0.53	0.73
40	卫生和社会工作	0.52	0.79	0.52	0.58	0.51	0.64
41	文化、体育和娱乐	0.66	1.56	0.66	0.56	0.59	0.56
42	公共管理、社会保障和社会组织	0.54	1.29	0.53	0.59	0.52	0.82

资料来源：化蓉. 京津冀区域间投入产出表的编制及分析 [D]. 天津财经大学，2017,6.

北京市的区域产业影响力系数是指北京市某产业对整个京津冀地区其他产业的带动作用，北京市区域产业感应度系数是指北京市某产业受到京津冀地区其他产业的影响程度。对北京市而言，影响力系数大于1的部门有煤炭采选产品，石油和天然气开采产品，金属矿采选产品，非金属矿和其他矿采选产品，造纸印刷和文教体育用品，石油、炼焦产品和核燃料加工品，金属冶炼和压延加工品，其他制造产品，废品废料，金属制品、机械和设备修理服务，电力、热力的生产和供应，水的生产和供应。感应度系数大于或等于1的部门有煤炭采选产品，造纸印刷和文教体育用品，化学产品，非金属矿物制品，金属冶炼和压延加工品，金属制品，通用设备，交通运输设备，电气机械和器材，通信设备、计算机和其他电子设备，电力、热力的生产和供应，建筑，批发和零售，交通运输、仓储和邮政，信息传输、软件和信息技术服务，金融，房地产，租赁和商务服务，科学研究和技术服务，文化、体育和娱乐，公共管理、社会保障和社会组织。

表4-5 按照影响力系数和感应度系数对部门的分类（北京市）

影响力系数大于等于1而感应度系数小于1的部门（第II象限）	影响力系数、感应度系数均大于或等于1的部门（第I象限）
石油和天然气开采产品，金属矿采选产品，非金属矿和其他矿采选产品，炼焦产品和核燃料加工品，其他制造产品，废品废料，金属制品、机械和设备修理服务，水的生产和供应	煤炭采选产品，造纸印刷和文教体育用品，金属冶炼和压延加工品，电力、热力的生产和供应
影响力系数和感应度系数均小于1的部门（第III象限）	影响力系数小于1而感应度系数大于或等于1的部门（第IV象限）
农、林、牧、渔产品和服务，食品和烟草，纺织服装鞋、帽、皮革、羽绒及其制品，木材加工品和家具，专用设备，仪器仪表，燃气生产和供应，批发和零售，住宿和餐饮，金融，房地产，科学研究和技术服务，水利、环境和公共设施管理，居民服务、修理和其他服务，教育，卫生和社会工作，文化、体育和娱乐，公共管理、社会保障和社会组织	化学产品，通信设备、计算机和其他电子设备，建筑，交通运输、仓储和邮政

资料来源：作者根据表4-4整理

北京市的定位是发展高精尖的经济结构和战略新兴产业，包括新一代信息技术、集成电路、医药健康、智能装备、节能环保、新能源智能汽车、新材料、人工智能、软件和信息服务以及科技服务业十个产业作为重点发展的高精尖产业。上述产业关联分析和部门分类，也使我们更加全面地看待当前产业的发展现状及其影响。

对天津市而言，影响力系数大于1的部门有煤炭采选产品，石油和天然气开采产品，金属矿采选产品，非金属矿和其他矿采选产品，纺织品，造纸印刷和文教体育用品，石油、炼焦产品和核燃料加工品，非金属矿物制品，金属冶炼和压延加工品，金属制品，仪器仪表，其他制造产品，废品废料，金属制品、机械和设备修理服务，电力、热力的生产和供应，水的生产和供应，租赁和商务服务。感应度系数大于或等于1的部门有化学产品，金属冶炼和压延加工品，通信设备、计算机和其他电子设备，建筑，交通运输、仓储和邮政。

表4-6 按照影响力系数和感应度系数对部门的分类（天津市）

影响力系数大于等于1而感应度系数小于1的部门（第Ⅱ象限）	影响力系数、感应度系数均大于或等于1的部门（第Ⅰ象限）
煤炭采选产品，石油和天然气开采产品，金属矿采选产品，非金属矿和其他矿采选产品，纺织品，造纸印刷和文教体育用品，其他制造产品，金属制品、机械和设备修理服务，水的生产和供应	金属冶炼和压延加工品
影响力系数和感应度系数均小于1的部门（第Ⅲ象限）	影响力系数小于1而感应度系数大于或等于1的部门（第Ⅳ象限）
农、林、牧、渔产品和服务，食品和烟草，纺织品，纺织服装鞋、帽、皮革、羽绒及其制品，木材加工品和家具，通用设备，专用设备，交通运输设备，电气机械和器材，燃气生产和供应，住宿和餐饮，水利、环境和公共设施管理，居民服务、修理和其他服务，教育，卫生和社会工作	化学产品，非金属矿物制品，金属制品，通用设备，交通运输设备，电气机械和器材，通信设备、计算机和其他电子设备，建筑，批发和零售，交通运输、仓储和邮政，信息传输、软件和信息技术服务，金融，房地产，租赁和商务服务，科学研究和技术服务，文化、体育和娱乐，公共管理、社会保障和社会组织

资料来源：作者根据表4-4整理

根据影响力系数和敏感度系数分类结果，天津市处于（第Ⅰ象限）的部门只有金属冶炼和压延加工品，处于（第Ⅱ象限）和（第Ⅳ象限）的部门较多，天津市的优势产业多集中在重化工业，轻工业和一般制造业则相对处于劣势地位。

对河北省而言，影响力系数大于1的部门有煤炭采选产品，石油和天然气开采产品，金属矿采选产品，造纸印刷和文教体育用品，金属冶炼和压延加工品，其他制造产品，金属制品，机械和设备修理服务、水的生产和供应。感应度系数大于或等于1的部门有煤炭采选产品，金属矿采选产品，食品和烟草，纺织品，石油、炼焦产品和核燃料加工品，化学产品，非金属矿物制品，金属冶炼和压延加工品，金属制品，电气机械和器材，电力、热力的生产和供应，建筑，交通运输、仓储和邮政。

表 4-7 按照影响力系数和感应度系数对部门的分类（河北省）

影响力系数大于等于1而感应度系数小于1的部门（第Ⅱ象限）	影响力系数、感应度系数均大于或等于1的部门（第Ⅰ象限）
石油和天然气开采产品，造纸印刷和文教体育用品，石油、炼焦产品和核燃料加工品，非金属矿物制品，金属制品，仪器仪表，其他制造产品，废品废料，金属制品、机械和设备修理服务，电力、热力的生产和供应，水的生产和供应	煤炭采选产品，金属矿采选产品，金属冶炼和压延加工品
影响力系数和感应度系数均小于1的部门（第Ⅲ象限）	影响力系数小于1而感应度系数大于或等于1的部门（第Ⅳ象限）
农、林、牧、渔产品和服务，非金属矿和其他矿采选产品，纺织服装鞋、帽、皮革、羽绒及其制品，木材加工品和家具，通用设备，专用设备，交通运输设备，通信设备、计算机和其他电子设备，仪器仪表，废品废料，燃气生产和供应，批发和零售，住宿和餐饮，信息传输、软件和信息技术服务，金融，房地产，租赁和商务服务，科学研究和技术服务，水利、环境和公共设施管理，居民服务、修理和其他服务，教育，卫生和社会工作，文化、体育和娱乐，公共管理、社会保障和社会组织	食品和烟草，纺织品，石油、炼焦产品和核燃料加工品，化学产品，非金属矿物制品，金属制品，电气机械和器材，电力、热力的生产和供应，建筑，交通运输、仓储和邮政

资料来源：作者根据表4-4整理

河北省影响力系数、感应度系数均大于或等于1的有煤炭采选产品、金属矿采选产品、金属冶炼和压延加工品三个部门。河北省影响力系数和感应度系数均小于1的部门较多，大多属于高端制造和第三产业相关部门。河北省的优势产业相对集中在和钢铁相关的产业。

（四）基于北京市 2015 年投入产出表的产业关联分析

根据北京市2015年投入产出表，计算的各部门影响力系数和感应度系数结果见表4-8。

表 4-8 北京市各部门影响力系数和感应度系数

代码	名称	影响力系数	感应度系数
01	农、林、牧、渔产品和服务	0.84	0.97
02	煤炭采选产品	1.01	1.65
03	石油和天然气开采产品	0.27	1.40
04	金属矿采选产品	1.39	0.42
05	非金属矿和其他矿采选产品	0.72	0.20
06	食品和烟草	1.10	0.69
07	纺织品	1.38	0.91
08	纺织服装鞋、帽、皮革、羽绒及其制品	1.13	0.15
09	木材加工品和家具	1.27	0.42
10	造纸印刷和文教体育用品	1.20	1.23
11	石油、炼焦产品和核燃料加工品	0.66	1.13
12	化学产品	0.87	3.38
13	非金属矿物制品	1.21	0.55
14	金属冶炼和压延加工品	1.86	6.80
15	金属制品	1.62	0.63
16	通用设备	1.37	1.00
17	专用设备	1.36	0.41
18	交通运输设备	1.26	0.61
19	电气机械和器材	1.43	0.79
20	通信设备、计算机和其他电子设备	1.52	2.20
21	仪器仪表	1.26	0.37
22	其他制造产品	1.33	0.06
23	废品废料	0.37	0.17
24	金属制品、机械和设备修理服务	0.94	0.65
25	电力、热力的生产和供应	1.69	4.13
26	燃气生产和供应	0.68	0.28

续表

代 码	名 称	影响力系数	感应度系数
27	水的生产和供应	0.99	0.05
28	建筑	1.38	0.25
29	批发和零售	0.46	2.40
30	交通运输、仓储和邮政	0.88	2.41
31	住宿和餐饮	0.89	0.50
32	信息传输、软件和信息技术服务	0.71	0.39
33	金融	0.39	1.61
34	房地产	0.46	0.47
35	租赁和商务服务	0.54	1.62
36	科学研究和技术服务	0.89	0.46
37	水利、环境和公共设施管理	0.88	0.10
38	居民服务、修理和其他服务	0.81	0.20
39	教育	0.53	0.09
40	卫生和社会工作	0.90	0.01
41	文化、体育和娱乐	0.81	0.20
42	公共管理、社会保障和社会组织	0.75	0.04

资料来源：作者根据北京市 2015 年投入产出表计算

北京市影响力系数大于 1 的部门有煤炭采选产品，金属矿采选产品，食品和烟草，纺织品，纺织服装鞋、帽、皮革、羽绒及其制品，木材加工品和家具，造纸印刷和文教体育用品，非金属矿物制品，金属冶炼和压延加工品，金属制品，通用设备，专用设备，交通运输设备，电气机械和器材，通信设备、计算机和其他电子设备，仪器仪表，其他制造产品，电力、热力的生产和供应，建筑等。感应度系数大于或等于 1 的部门有煤炭采选产品，石油和天然气开采产品，造纸印刷和文教体育用品，石油、炼焦产品和核燃料加工品，化学产品，金属冶炼和压延加工品，通用设备，通信设备、计算机和其他电子设备，电力、热力的生产和供应，批发和零售，交通运输、仓储和邮政，金融，租赁和商务服务等。

表4-9 按照影响力系数和感应度系数对部门的分类（北京市，2015）

影响力系数大于等于1而感应度系数小于1的部门（第Ⅱ象限）	影响力系数、感应度系数均大于或等于1的部门（第Ⅰ象限）
金属矿采选产品，食品和烟草，纺织品，纺织服装鞋、帽、皮革、羽绒及其制品，木材加工品和家具，非金属矿物制品，金属制品，专用设备，交通运输设备，电气机械和器材，仪器仪表，其他制造产品，建筑	煤炭采选产品，造纸印刷和文教体育用品，金属冶炼和压延加工品，通用设备，通信设备、计算机和其他电子设备，电力、热力的生产和供应
影响力系数和感应度系数均小于1的部门（第Ⅲ象限）	影响力系数小于1而感应度系数大于或等于1的部门（第Ⅳ象限）
农、林、牧、渔产品和服务，非金属矿和其他矿采选产品，废品废料，金属制品、机械和设备修理服务，燃气生产和供应，水的生产和供应，住宿和餐饮，信息传输、软件和信息技术服务，房地产，科学研究和技术服务，水利、环境和公共设施管理，居民服务、修理和其他服务，教育，卫生和社会工作，文化、体育和娱乐，公共管理、社会保障和社会组织	石油和天然气开采产品，石油、炼焦产品和核燃料加工品，化学产品，批发和零售，交通运输、仓储和邮政，金融，租赁和商务服务

资料来源：作者根据表4-8整理

北京市影响力系数和感应度系数都大于或等于1的部门有，煤炭采选产品，造纸印刷和文教体育用品，金属冶炼和压延加工品，通用设备，通信设备、计算机和其他电子设备，电力、热力的生产和供应。煤炭采选，造纸印刷和文教体育用品，金属冶炼和压延加工品是北京现有政策不鼓励发展的产业；通用设备，通信设备、计算机和其他电子设备属于鼓励发展的高端制造业；电力、热力的生产和供应是重要的基础设施部门。影响力系数大于1而感应度系数小于1的部门主要集中在一般的轻工业和一般的制造业以及建筑等。影响力系数小于1而感应度系数大于1的部门有石油和天然气开采产品，石油、炼焦产品和核燃料加工品，化学产品，批发和零售，交通运输、仓储和邮政，金融，租赁和商务服务。批发和零售，交通运输、仓储和邮政，金融，租赁和商务服务等属于第三产业。

综合全国、区域和北京市的研究结果，影响力系数和感应度系数都大于或等于1的部门相同的有煤炭采选产品，造纸印刷与文教体育用品，金属冶炼和压延加工品，电力、热力的生产和供应。煤炭采选产品和金属冶炼加工品属于初级产品或者能源消耗比较大的重工业品，不属于北京重点发展的产品，造纸

第四章 基于投入产出分析的京津冀产业关联分析

印刷与文教体育用品则需要区别分析，造纸环节污染大、能耗高，属于北京限制或禁止的产业，印刷特别是出版物印刷与北京文化中心建设服务关系密切，需要转型升级发展，印刷特别是现代的印刷属于都市型工业，为其他部门配套服务明显，具有促进知识和文化传播、促进品牌建设的作用，在其他世界级城市发展中也发挥着重要作用，因此不能片面地认为所有的印刷都是散、乱、污而加以限制。电力、热力的生产和供应是重要的基础设施，起到为生产生活提供保障的作用，在北京这样的大城市尤其重要，重点是通过发展提高保障效率和保障水平。

表4-10　北京市各部门增加值占总投入的比重　　　　　　单位：%

代码	名称	劳动者报酬占比	生产税净额占比	固定资产折旧占比	营业盈余占比	增加值合计占比
01	农、林、牧、渔产品和服务	26.0	0.3	6.1	5.6	38.0
02	煤炭采选产品	1.8	1.6	0.1	2.1	5.6
03	石油和天然气开采产品	9.1	-6.7	22.8	51.2	76.3
04	金属矿采选产品	10.6	4.0	1.6	-1.3	14.9
05	非金属矿和其他矿采选产品	29.9	6.0	11.3	0.0	47.1
06	食品和烟草	8.1	6.7	1.9	1.0	17.6
07	纺织品	5.3	2.0	1.4	1.8	10.4
08	纺织服装鞋、帽、皮革、羽绒及其制品	13.3	4.0	1.6	7.6	26.5
09	木材加工品和家具	9.9	3.8	1.7	1.9	17.3
10	造纸印刷和文教体育用品	10.7	3.0	3.9	6.1	23.7
11	石油、炼焦产品和核燃料加工品	1.4	10.1	0.8	3.3	15.6
12	化学产品	10.4	6.2	2.1	13.7	32.4
13	非金属矿物制品	8.5	4.1	2.0	4.1	18.8
14	金属冶炼和压延加工品	3.2	2.7	1.6	0.2	7.7
15	金属制品	7.4	3.1	2.1	3.9	16.5
16	通用设备	10.7	3.4	2.5	2.5	19.1
17	专用设备	13.6	3.4	1.7	-1.3	17.3
18	交通运输设备	5.0	5.6	1.7	7.0	19.2

续表

代码	名称	劳动者报酬占比	生产税净额占比	固定资产折旧占比	营业盈余占比	增加值合计占比
19	电气机械和器材	7.7	2.5	1.7	3.5	15.4
20	通信设备、计算机和其他电子设备	5.4	1.7	2.5	1.1	10.8
21	仪器仪表	11.4	3.4	1.2	5.4	21.5
22	其他制造产品	15.5	3.3	3.7	-2.1	20.4
23	废品废料	2.3	0.3	0.6	63.9	67.1
24	金属制品、机械和设备修理服务	26.6	5.7	3.8	0.7	37.0
25	电力、热力的生产和供应	3.1	2.1	7.5	1.6	14.2
26	燃气的生产和供应	5.9	-0.4	3.0	4.2	12.7
27	水的生产和供应	20.0	-9.9	23.3	-2.3	31.1
28	建筑	10.0	5.0	1.7	1.6	18.4
29	批发和零售	21.7	19.3	2.9	12.6	56.5
30	交通运输、仓储和邮政	14.8	2.4	9.1	-0.6	25.7
31	住宿和餐饮	21.4	5.1	3.6	1.2	31.3
32	信息传输、软件和信息技术服务	27.4	5.5	6.3	11.8	51.0
33	金融	17.5	6.6	2.1	37.5	63.7
34	房地产	16.6	13.3	17.9	11.6	59.4
35	租赁和商务服务	43.7	5.2	6.9	-0.9	54.9
36	科学研究和技术服务	23.3	4.1	3.1	4.7	35.2
37	水利、环境和公共设施管理	23.7	2.6	4.0	3.1	33.5
38	居民服务、修理和其他服务	34.5	5.1	2.4	0.9	43.0
39	教育	50.8	1.0	6.4	1.3	59.5
40	卫生和社会工作	30.0	0.1	2.7	0.5	33.3
41	文化、体育和娱乐	24.9	5.7	3.7	2.6	37.0
42	公共管理、社会保障和社会组织	33.9	0.3	4.2	0.0	38.4

资料来源：作者根据北京市 2015 年投入产出表计算

各部门劳动者报酬、生产税净额、固定资产折旧、营业盈余共同构成该部门的增加值，增加值所占比例代表了一个部门的价值增值能力。各部门增加值合计所占比例存在很大的差异。

表4-11 北京市各部门增加值合计占总投入的比重排序　　单位：%

排序	代码	名称	增加值合计占比
1	03	石油和天然气开采产品	76.3
2	23	废品废料	67.1
3	33	金融	63.7
4	39	教育	59.5
5	34	房地产	59.4
6	29	批发和零售	56.5
7	35	租赁和商务服务	54.9
8	32	信息传输、软件和信息技术服务	51.0
9	05	非金属矿和其他矿采选产品	47.1
10	38	居民服务、修理和其他服务	43.0
11	42	公共管理、社会保障和社会组织	38.4
12	01	农、林、牧、渔产品和服务	38.0
13	24	金属制品、机械和设备修理服务	37.0
14	41	文化、体育和娱乐	37.0
15	36	科学研究和技术服务	35.2
16	37	水利、环境和公共设施管理	33.5
17	40	卫生和社会工作	33.3
18	12	化学产品	32.4
19	31	住宿和餐饮	31.3
20	27	水的生产和供应	31.1
21	08	纺织服装鞋、帽、皮革、羽绒及其制品	26.5
22	30	交通运输、仓储和邮政	25.7
23	10	造纸印刷和文教体育用品	23.7
24	21	仪器仪表	21.5
25	22	其他制造产品	20.4
26	18	交通运输设备	19.2

续表

排 序	代 码	名　称	增加值合计占比
27	16	通用设备	19.1
28	13	非金属矿物制品	18.8
29	28	建筑	18.4
30	06	食品和烟草	17.6
31	09	木材加工品和家具	17.3
32	17	专用设备	17.3
33	15	金属制品	16.5
34	11	石油、炼焦产品和核燃料加工品	15.6
35	19	电气机械和器材	15.4
36	04	金属矿采选产品	14.9
37	25	电力、热力的生产和供应	14.2
38	26	燃气的生产和供应	12.7
39	20	通信设备、计算机和其他电子设备	10.8
40	07	纺织品	10.4
41	14	金属冶炼和压延加工品	7.7
42	02	煤炭采选产品	5.6

资料来源：作者根据北京市 2015 年投入产出表计算

增加值合计占总投入的比重最高的部门是石油和天然气开采产品，达到 76.3%，排在第二位的是废品废料，达到 67.1%，紧随其后的是金融，达到 63.7%。整体来看，属于第三产业的服务业部门增加值所占比重普遍较高。制造业增加值比重相对较低，其中造纸印刷和文教体育用品排第 23 位，比重为 23.7%，在制造业中相对靠前，在全部 42 个部门中居于中间的位置。

表 4-12　北京市各部门营业盈余占总投入的比重排序　　　　单位：%

排 序	代 码	名　称	营业盈余占比
1	23	废品废料	63.9
2	03	石油和天然气开采产品	51.2
3	33	金融	37.5
4	12	化学产品	13.7

续表

排 序	代 码	名 称	营业盈余占比
5	29	批发和零售	12.6
6	32	信息传输、软件和信息技术服务	11.8
7	34	房地产	11.6
8	08	纺织服装鞋、帽、皮革、羽绒及其制品	7.6
9	18	交通运输设备	7.0
10	10	造纸印刷和文教体育用品	6.1
11	01	农、林、牧、渔产品和服务	5.6
12	21	仪器仪表	5.4
13	36	科学研究和技术服务	4.7
14	26	燃气的生产和供应	4.2
15	13	非金属矿物制品	4.1
16	15	金属制品	3.9
17	19	电气机械和器材	3.5
18	11	石油、炼焦产品和核燃料加工品	3.3
19	37	水利、环境和公共设施管理	3.1
20	41	文化、体育和娱乐	2.6
21	16	通用设备	2.5
22	02	煤炭采选产品	2.1
23	09	木材加工品和家具	1.9
24	07	纺织品	1.8
25	28	建筑	1.6
26	25	电力、热力的生产和供应	1.6
27	39	教育	1.3
28	31	住宿和餐饮	1.2
29	20	通信设备、计算机和其他电子设备	1.1
30	06	食品和烟草	1.0
31	38	居民服务、修理和其他服务	0.9
32	24	金属制品、机械和设备修理服务	0.7
33	40	卫生和社会工作	0.5
34	14	金属冶炼和压延加工品	0.2

续表

排　序	代　码	名　称	营业盈余占比
35	05	非金属矿和其他矿采选产品	0.0
36	42	公共管理、社会保障和社会组织	0.0
37	30	交通运输、仓储和邮政	-0.6
38	35	租赁和商务服务	-0.9
39	17	专用设备	-1.3
40	04	金属矿采选产品	-1.3
41	22	其他制造产品	-2.1
42	27	水的生产和供应	-2.3

资料来源：作者根据表 4-10 整理

营业盈余占总投入的比重，在一定程度上代表了各部门的盈利能力。废品废料、石油和天然气开采产品、金融的营业盈余占比排在前三位。造纸印刷和文教体育用品排在第 10 位，占比 6.1%。整体来看，各部门营业盈余占比差异很大，一些部门为负数，说明整体的盈利能力较弱。

下面，我们利用北京市 2015 年 42 个部门投入产出表，重点分析各部门对造纸印刷和文教体育用品的直接消耗和完全消耗，以揭示带动其发展联系比较紧密的部门。

表 4-13　北京市各部门对造纸印刷和文教体育用品的直接消耗系数

排　序	代　码	名　称	直接消耗系数
1	10	造纸印刷和文教体育用品	0.3110
2	41	文化、体育和娱乐	0.1556
3	35	租赁和商务服务	0.0787
4	06	食品和烟草	0.0508
5	42	公共管理、社会保障和社会组织	0.0392
6	39	教育	0.0384
7	33	金融	0.0280
8	12	化学产品	0.0230
9	09	木材加工品和家具	0.0227
10	36	科学研究和技术服务	0.0182

续表

排 序	代 码	名 称	直接消耗系数
11	08	纺织服装鞋、帽、皮革、羽绒及其制品	0.0148
12	32	信息传输、软件和信息技术服务	0.0138
13	20	通信设备、计算机和其他电子设备	0.0132
14	31	住宿和餐饮	0.0129
15	34	房地产	0.0121
16	38	居民服务、修理和其他服务	0.0102
17	24	金属制品、机械和设备修理服务	0.0084
18	37	水利、环境和公共设施管理	0.0079
19	30	交通运输、仓储和邮政	0.0077
20	21	仪器仪表	0.0073
21	16	通用设备	0.0072
22	17	专用设备	0.0065
23	18	交通运输设备	0.0061
24	22	其他制造产品	0.0059
25	15	金属制品	0.0057
26	13	非金属矿物制品	0.0054
27	28	建筑	0.0049
28	19	电气机械和器材	0.0043
29	01	农、林、牧、渔产品和服务	0.0041
30	03	石油和天然气开采产品	0.0041
31	07	纺织品	0.0039
32	27	水的生产和供应	0.0038
33	40	卫生和社会工作	0.0030
34	23	废品废料	0.0024
35	05	非金属矿和其他矿采选产品	0.0023
36	29	批发和零售	0.0021
37	26	燃气的生产和供应	0.0019
38	25	电力、热力的生产和供应	0.0015
39	11	石油、炼焦产品和核燃料加工品	0.0014
40	14	金属冶炼和压延加工品	0.0010

续表

排　序	代　码	名　称	直接消耗系数
41	04	金属矿采选产品	0.0008
42	02	煤炭采选产品	0.0000

资料来源：作者根据北京市 2015 年投入产出表计算

　　从直接消耗系数看，各部门每生产一单位总产品时，需要直接消耗的造纸印刷和文教体育用品的量最大的是本部门，表示自身内部的投入，如印刷需要造纸、文教体育用品需要造纸和印刷等。除本部门自身以外，直接消耗系数较大的是文化、体育和娱乐，每提供 100 元的文化、体育和娱乐产品，大约需要消耗造纸印刷和文教体育用品 15.56 元，其次是租赁和商务服务，每提供 100 元的租赁和商务服务，大约需要消耗造纸印刷和文教体育用品 7.87 元，相应地，对应食品和烟草是 5.08 元，公共管理、社会保障和社会组织是 3.92 元，教育是 3.84 元，金融是 2.80 元。总的来看，北京造纸印刷和文教体育用品主要服务于文化、体育和娱乐，租赁和商务服务，公共管理、社会保障和社会组织，教育，金融等，其次是食品和烟草，化学产品等。由此可见，北京的造纸印刷和文教体育用品更多地体现了服务文化中心和政治中心的功能，重点发展的是出版物印刷以及商业印刷等其他印刷，包装装潢印刷虽然适度发展，但不是北京市发展的重点。

表 4-14　北京市各部门对造纸印刷和文教体育用品的完全消耗系数

排　序	代　码	名　称	完全消耗系数
1	10	造纸印刷和文教体育用品	0.4903
2	41	文化、体育和娱乐	0.2954
3	35	租赁和商务服务	0.1493
4	06	食品和烟草	0.1404
5	42	公共管理、社会保障和社会组织	0.1146
6	09	木材加工品和家具	0.0962
7	20	通信设备、计算机和其他电子设备	0.0880
8	39	教育	0.0851
9	31	住宿和餐饮	0.0831
10	12	化学产品	0.0822

续表

排 序	代 码	名 称	完全消耗系数
11	33	金融	0.0730
12	36	科学研究和技术服务	0.0696
13	08	纺织服装鞋、帽、皮革、羽绒及其制品	0.0659
14	21	仪器仪表	0.0591
15	32	信息传输、软件和信息技术服务	0.0589
16	07	纺织品	0.0582
17	16	通用设备	0.0578
18	17	专用设备	0.0578
19	15	金属制品	0.0573
20	18	交通运输设备	0.0558
21	19	电气机械和器材	0.0552
22	38	居民服务、修理和其他服务	0.0548
23	22	其他制造产品	0.0524
24	30	交通运输、仓储和邮政	0.0515
25	28	建筑	0.0514
26	40	卫生和社会工作	0.0509
27	14	金属冶炼和压延加工品	0.0507
28	01	农、林、牧、渔产品和服务	0.0495
29	37	水利、环境和公共设施管理	0.0492
30	34	房地产	0.0492
31	24	金属制品、机械和设备修理服务	0.0481
32	13	非金属矿物制品	0.0470
33	27	水的生产和供应	0.0436
34	04	金属矿采选产品	0.0402
35	29	批发和零售	0.0391
36	25	电力、热力的生产和供应	0.0356
37	26	燃气生产和供应	0.0336
38	05	非金属矿和其他矿采选产品	0.0321
39	02	煤炭采选产品	0.0312
40	11	石油、炼焦产品和核燃料加工品	0.0299

续表

排 序	代 码	名 称	完全消耗系数
41	03	石油和天然气开采产品	0.0283
42	23	废品废料	0.0193

资料来源：作者根据北京市2015年投入产出表计算

完全消耗系数是指各部门每生产一单位总产品时，需要直接或间接消耗的其他部门产品的数量。各部门对造纸印刷和文教体育用品的完全消耗系数最大的是自身，达到0.4903，排第二位的是文化、体育和娱乐，达到0.2954，排在第三位的是租赁和商务服务，为0.1493。整体来看，完全消耗系数和直接消耗系数的排序差距不大。

表4-15 北京市造纸印刷和文教体育用品对其他部门的直接消耗系数

排 序	代 码	名 称	直接消耗系数
1	10	造纸印刷和文教体育用品	0.3110
2	14	金属冶炼和压延加工品	0.1308
3	12	化学产品	0.1010
4	29	批发和零售	0.0530
5	30	交通运输、仓储和邮政	0.0269
6	25	电力、热力的生产和供应	0.0237
7	11	石油、炼焦产品和核燃料加工品	0.0167
8	24	金属制品、机械和设备修理服务	0.0132
9	09	木材加工品和家具	0.0110
10	35	租赁和商务服务	0.0104
11	07	纺织品	0.0098
12	33	金融	0.0084
13	15	金属制品	0.0052
14	31	住宿和餐饮	0.0044
15	36	科学研究和技术服务	0.0042
16	16	通用设备	0.0038
17	34	房地产	0.0035
18	32	信息传输、软件和信息技术服务	0.0033

续表

排　序	代　码	名　称	直接消耗系数
19	02	煤炭采选产品	0.0028
20	23	废品废料	0.0028
21	38	居民服务、修理和其他服务	0.0023
22	26	燃气生产和供应	0.0023
23	08	纺织服装鞋、帽、皮革、羽绒及其制品	0.0021
24	17	专用设备	0.0021
25	13	非金属矿物制品	0.0015
26	28	建筑	0.0013
27	19	电气机械和器材	0.0013
28	01	农、林、牧、渔产品和服务	0.0009
29	27	水的生产和供应	0.0006
30	39	教育	0.0005
31	22	其他制造产品	0.0005
32	06	食品和烟草	0.0004
33	41	文化、体育和娱乐	0.0004
34	20	通信设备、计算机和其他电子设备	0.0003
35	05	非金属矿和其他矿采选产品	0.0003
36	18	交通运输设备	0.0002
37	42	公共管理、社会保障和社会组织	0.0001
38	21	仪器仪表	0.0001
39	37	水利、环境和公共设施管理	0.0001
40	04	金属矿采选产品	0.0000
41	03	石油和天然气开采产品	0.0000
42	40	卫生和社会工作	0.0000

资料来源：作者根据北京市 2015 年投入产出表计算

造纸印刷和文教体育用品对其他部门的直接消耗系数反映了该部门生产一单位总产品时，直接消耗的其他部门的产品数量，除自身外，排在第一位的是金属冶炼和压延加工品，系数为 0.1308，排在第二位的是化学产品，系数为 0.1010，排在第三位的是批发和零售，系数为 0.0530，排在第四、第五位的是交通运输、仓储和邮政以及电力、热力的生产和供应。

表 4-16　北京市造纸印刷和文教体育用品对其他部门的完全消耗系数

排　序	代　码	名　称	完全消耗系数
1	14	金属冶炼和压延加工品	0.7667
2	10	造纸印刷和文教体育用品	0.4903
3	12	化学产品	0.3781
4	25	电力、热力的生产和供应	0.2583
5	29	批发和零售	0.1651
6	30	交通运输、仓储和邮政	0.1454
7	02	煤炭采选产品	0.0897
8	35	租赁和商务服务	0.0857
9	33	金融	0.0793
10	11	石油、炼焦产品和核燃料加工品	0.0780
11	03	石油和天然气开采产品	0.0627
12	24	金属制品、机械和设备修理服务	0.0451
13	07	纺织品	0.0387
14	20	通信设备、计算机和其他电子设备	0.0366
15	16	通用设备	0.0341
16	01	农、林、牧、渔产品和服务	0.0330
17	9	木材加工品和家具	0.0316
18	31	住宿和餐饮	0.0259
19	15	金属制品	0.0239
20	36	科学研究和技术服务	0.0229
21	34	房地产	0.0216
22	06	食品和烟草	0.0203
23	26	燃气生产和供应	0.0202
24	32	信息传输、软件和信息技术服务	0.0184
25	19	电气机械和器材	0.0178
26	13	非金属矿物制品	0.0153
27	18	交通运输设备	0.0144
28	23	废品废料	0.0137
29	38	居民服务、修理和其他服务	0.0103

续表

排 序	代 码	名 称	完全消耗系数
30	17	专用设备	0.0100
31	04	金属矿采选产品	0.0099
32	28	建筑	0.0080
33	08	纺织服装鞋、帽、皮革、羽绒及其制品	0.0069
34	21	仪器仪表	0.0060
35	05	非金属矿和其他矿采选产品	0.0058
36	41	文化、体育和娱乐	0.0049
37	39	教育	0.0027
38	27	水的生产和供应	0.0024
39	22	其他制造产品	0.0021
40	37	水利、环境和公共设施管理	0.0015
41	42	公共管理、社会保障和社会组织	0.0013
42	40	卫生和社会工作	0.0001

资料来源：作者根据北京市 2015 年投入产出表计算

北京市造纸印刷和文教体育用品对其他部门的完全消耗系数排在第一位的是金属冶炼和压延加工品，达到 0.7667，超过对自身造纸印刷和文教体育用品的完全消耗系数。排在第三位的是化学产品，第四位的是电力、热力的生产和供应，第五位的是批发和零售，另外对租赁和商务服务、金融等部门的完全消耗系数排在前十位。

根据投入产出的分析结果综合来看，印刷业是为国民经济服务和配套的产业，和许多经济部门保持比较紧密的联系，印刷业又是都市型工业，越是经济发达、人口集中的大都市，对印刷服务需求越大，特别是高端的商业印刷以及个性化的数码印刷具有更大的发展需求和潜力。对北京市来说，高端出版物印刷、商业印刷以及新型数码印刷是发展的重点，河北省则重点发展包装装潢印刷，同时利用现有的出版物印刷的基础，发展高端出版物印刷以弥补北京的不足，天津市则依托其制造业发展的优势与基础，重点发展先进的印刷设备和材料，这样，京津冀印刷业就可以形成有分工、有合作的发展格局，提升印刷业发展的整体水平。

第五章 北京市印刷业发展状况分析

（一）北京市规模以上印刷企业发展情况

1. 北京市规模以上工业企业指标分析

表 5-1　北京市规模以上工业企业主要经济指标　　　单位：亿元

指　标	2012 年	2013 年	2014 年	2015 年	2016 年
企业单位数 / 个	3692	3641	3686	3548	3340
资产总计	28613.12	30800.73	33557.05	38609.76	43093.68
流动资产合计	11554.77	12730.59	14042.47	15221.43	16643.16
负债合计	14837.22	16207.96	17137.57	18102.44	19798.13
所有者权益	13774.66	14591.63	16389.10	20480.19	23272.45
主营业务收入	16905.14	18688.63	19776.67	18864.90	19746.96
主营业务成本	14307.41	15833.59	16699.44	15710.97	16395.61
主营业务税金及附加	263.58	281.39	305.14	331.81	319.89
利润总额	1267.89	1282.88	1515.75	1597.71	1608.26
本年应缴增值税	455.76	537.17	561.56	569.38	566.73

资料来源：北京市统计年鉴 2013—2017

截止到 2016 年年底，北京市规模以上工业企业共有 3340 家，资产总计 43093.68 亿元，负债合计 19798.13 亿元，所有者权益 23272.45 亿元。2016 年实现主营业务收入 19746.96 亿元，利润总额 1608.26 亿元。

表 5-2　北京市规模以上工业企业主要经济指标增长率　　　　单位：%

指　　标	2013 年	2014 年	2015 年	2016 年
企业单位数增长率	-1.38	1.24	-3.74	-5.86
资产总计增长率	7.65	8.95	15.06	11.61
流动资产合计增长率	10.18	10.30	8.40	9.34
负债合计增长率	9.24	5.74	5.63	9.37
所有者权益增长率	5.93	12.32	24.96	13.63
主营业务收入增长率	10.55	5.82	-4.61	4.68
主营业务成本增长率	10.67	5.47	-5.92	4.36
主营业务税金及附加增长率	6.76	8.44	8.74	-3.59
利润总额增长率	1.18	18.15	5.41	0.66
本年应缴增值税增长率	17.86	4.54	1.39	-0.47

资料来源：根据表 5-1 计算

2013—2016 年，北京市规模以上工业企业单位数有所减少，资产、负债、所有者权益的增长率为正数，2015 年主营业务收入增长率和主营业务成本增长率为负数，利润总额增长率在 2014 年最高，随后连续下降。

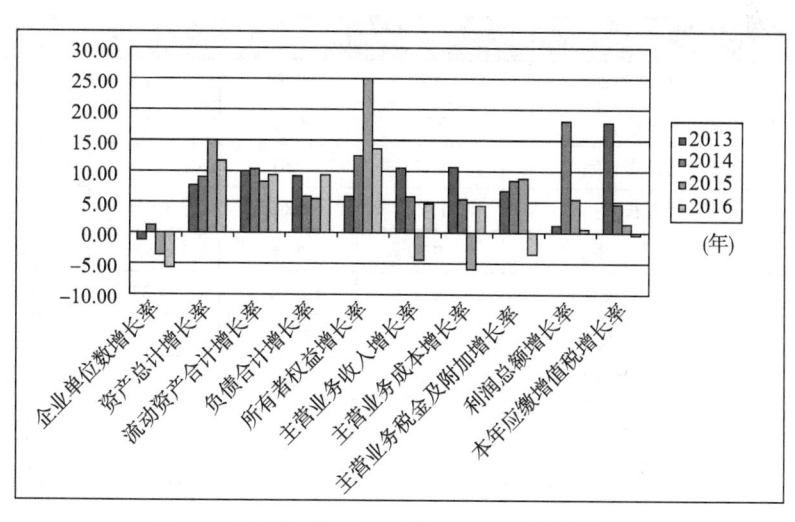

图 5-1　北京市规模以上工业企业主要经济指标增长率

2. 北京市规模以上印刷企业指标分析

表 5-3　北京市规模以上印刷企业主要经济指标　　　单位：亿元

指标	2012年	2013年	2014年	2015年	2016年
企业单位数/个	125	119	118	113	99
资产总计	193.83	194.55	204.43	216.53	210.69
流动资产合计	105.12	106.67	114.68	121.19	130.96
负债合计	79.88	81.04	85.63	87.28	89.64
所有者权益	113.95	113.51	118.80	129.25	121.05
主营业务收入	128.92	129.84	131.06	129.27	129.10
主营业务成本	97.83	97.91	99.67	103.33	101.74
主营业务税金及附加	0.90	0.93	0.94	0.95	0.94
利润总额	12.57	12.95	12.28	7.89	9.27
本年应缴增值税	6.91	6.84	7.07	6.99	6.85

资料来源：北京市统计年鉴2013—2017

截止到2016年年底，北京市规模以上印刷企业总数是99家，资产总计210.69亿元，负债合计89.64亿元，所有者权益121.05亿元。2016年实现主营业务收入129.10亿元，利润总额9.27亿元。

表 5-4　北京市规模以上印刷企业主要经济指标增长率　　　单位：%

指标	2013年	2014年	2015年	2016年
企业单位数增长率	-4.80	-0.84	-4.24	-12.39
资产总计增长率	0.37	5.08	5.92	-2.70
流动资产合计增长率	1.47	7.51	5.68	8.06
负债合计增长率	1.45	5.66	1.93	2.70
所有者权益增长率	-0.39	4.66	8.80	-6.34
主营业务收入增长率	0.71	0.94	-1.37	-0.13
主营业务成本增长率	0.08	1.80	3.67	-1.54
主营业务税金及附加增长率	3.33	1.08	1.06	-1.05
利润总额增长率	3.02	-5.17	-35.75	17.49
本年应缴增值税增长率	-1.01	3.36	-1.13	-2.00

资料来源：根据表5-3数据计算

2013—2016年，北京市规模以上印刷企业数量逐年下降。2016年，规模以上印刷企业总资产、所有者权益、主营业务收入、主营业务成本等指标均下滑，但是利润总额却增长了17.49%，北京印刷企业从规模扩张开始转向效益优化的发展阶段。

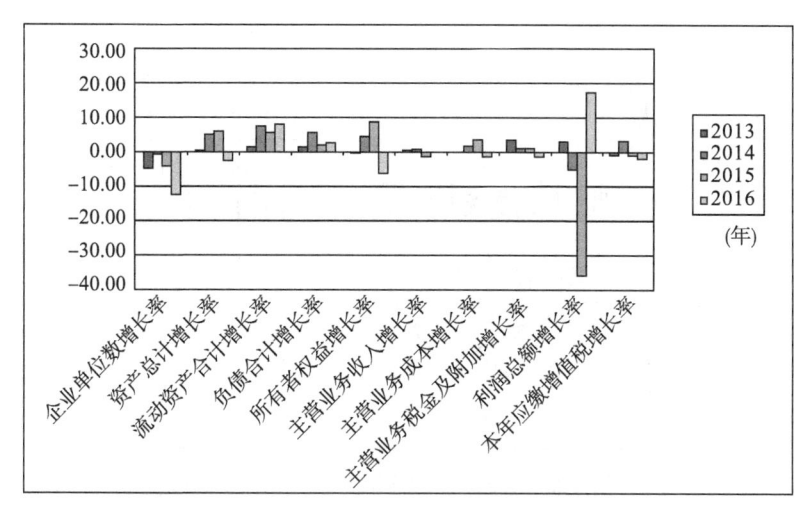

图 5-2 北京市规模以上印刷企业主要经济指标增长率

3．北京市规模以上企业指标比较分析

表 5-5 北京市规模以上印刷企业主要经济指标占比　　　　单位：%

指　标	2012 年	2013 年	2014 年	2015 年	2016 年
企业单位数百分比	3.39	3.27	3.20	3.18	2.96
资产总计百分比	0.68	0.63	0.61	0.56	0.49
流动资产合计百分比	0.91	0.84	0.82	0.80	0.79
负债合计百分比	0.54	0.50	0.50	0.48	0.45
所有者权益百分比	0.83	0.78	0.72	0.63	0.52
主营业务收入百分比	0.76	0.69	0.66	0.69	0.65
主营业务成本百分比	0.68	0.62	0.60	0.66	0.62
主营业务税金及附加百分比	0.34	0.33	0.31	0.29	0.29
利润总额百分比	0.99	1.01	0.81	0.49	0.58
本年应缴增值税百分比	1.52	1.27	1.26	1.23	1.21

资料来源：根据表 5-1 和表 5-3 数据计算

2012—2016年，北京市规模以上印刷企业各项经济指标占规模以上工业企业的比重均呈现下降趋势。2016年企业数占2.96%，总资产占0.49%，利润总额占0.58%。

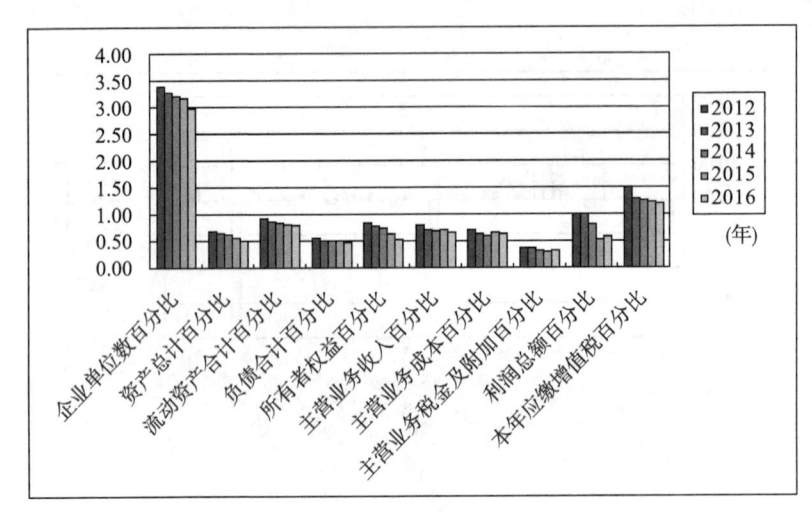

图 5-3 北京市规模以上印刷企业主要经济指标占比

表 5-6 北京市规模以上企业主要经济指标增长率之差　　　单位：%

指标	2013年	2014年	2015年	2016年
企业单位数增长率之差	-3.42	-2.08	-0.49	-6.53
资产总计增长率之差	-7.27	-3.87	-9.14	-14.31
流动资产合计增长率之差	-8.70	-2.80	-2.72	-1.28
负债合计增长率之差	-7.79	-0.07	-3.71	-6.66
所有者权益增长率之差	-6.32	-7.66	-16.16	-19.98
主营业务收入增长率之差	-9.83	-4.89	3.25	-4.81
主营业务成本增长率之差	-10.58	-3.68	9.59	-5.89
主营业务税金及附加增长率之差	-4.02	-7.16	-7.47	2.49
利润总额增长率之差	1.79	-23.26	-41.20	16.93
本年应缴增值税增长率之差	-18.85	-1.18	-2.56	-1.47

资料来源：根据表5-2和表5-4数据计算

规模以上印刷企业主要经济指标增长率减去规模以上工业企业主要经济指标增长率得到增长率之差，该差值绝大多数为负数，说明规模以上印刷企业主要经济指标增长率低于规模以上工业企业主要经济指标增长率。

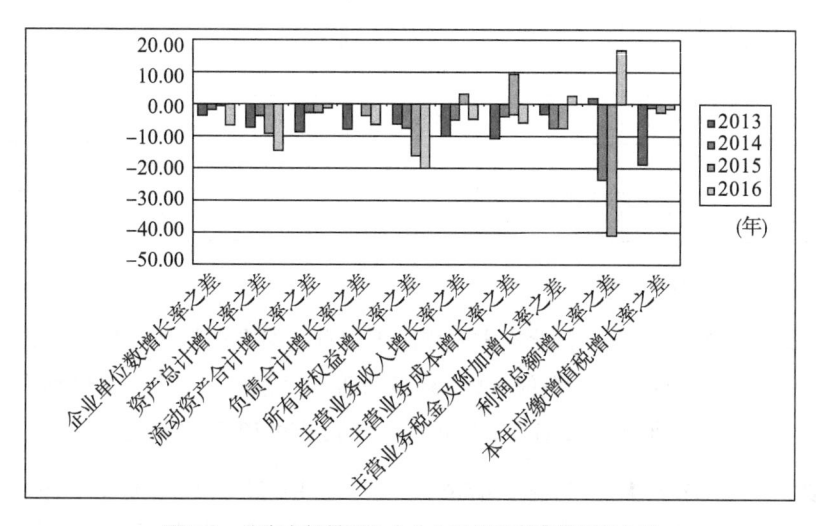

图 5-4 北京市规模以上企业主要经济指标增长率之差

（二）北京市规模以上国有及国有控股印刷企业发展情况

1. 北京市规模以上国有及国有控股工业企业指标分析

表 5-7 北京市规模以上国有及国有控股工业企业主要经济指标　　单位：亿元

指标	2012年	2013年	2014年	2015年	2016年
企业单位数/个	790	775	765	745	697
资产总计	21598.31	22785.56	24400.90	28300.17	31481.11
流动资产合计	6743.22	7342.66	8088.88	8523.43	9238.20
负债合计	11061.18	11913.98	12403.69	12743.36	13623.18

续表

指标	2012年	2013年	2014年	2015年	2016年
所有者权益	10536.85	10871.58	11997.21	15553.35	17847.59
主营业务收入	9775.30	10644.20	11180.75	10507.68	11122.99
主营业务成本	8584.08	9351.75	9763.46	9039.28	9509.41
主营业务税金及附加	234.11	246.22	269.23	295.14	286.11
利润总额	783.93	714.24	937.27	1079.01	1020.27
本年应缴增值税	246.94	291.01	313.87	320.85	319.08

资料来源：北京市统计年鉴2013—2017

截止到2016年年底，北京市规模以上国有及国有控股企业数是697家，资产总计31481.11亿元，负债合计13623.18亿元，所有者权益17847.59亿元。2016年实现主营业务收入11122.99亿元，利润总额1020.27亿元。

表5-8 北京市规模以上国有及国有控股工业企业主要经济指标增长率　　单位：%

指标	2013年	2014年	2015年	2016年
企业单位数增长率	-1.90	-1.29	-2.61	-6.44
资产总计增长率	5.50	7.09	15.98	11.24
流动资产合计增长率	8.89	10.16	5.37	8.39
负债合计增长率	7.71	4.11	2.74	6.90
所有者权益增长率	3.18	10.35	29.64	14.75
主营业务收入增长率	8.89	5.04	-6.02	5.86
主营业务成本增长率	8.94	4.40	-7.42	5.20
主营业务税金及附加增长率	5.17	9.35	9.62	-3.06
利润总额增长率	-8.89	31.23	15.12	-5.44
本年应缴增值税增长率	17.85	7.86	2.22	-0.55

资料来源：根据表5-7数据计算

2013—2016年，北京市规模以上国有及国有控股工业企业单位数增长率为负数，企业单位数不断下降。2016年，主营业务税金及附加增长率、利润总额增长率以及本年应缴增值税增长率均为负数，企业利润下滑。

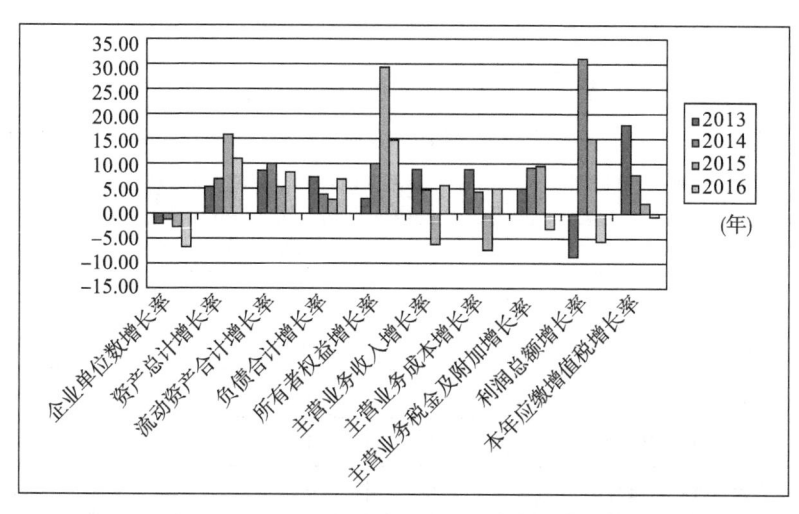

图 5-5 北京市国有及国有控股工业企业主要经济指标增长率

2. 北京市规模以上国有及国有控股印刷企业指标分析

表 5-9 北京市规模以上国有及国有控股印刷企业主要经济指标　　　单位：亿元

指　　标	2012 年	2013 年	2014 年	2015 年	2016 年
企业单位数 / 个	37	35	33	33	31
资产总计	97.92	99.17	106.01	119.02	115.96
流动资产合计	49.93	50.97	59.17	62.90	73.66
负债合计	34.95	33.44	36.43	39.32	46.77
所有者权益	62.96	65.73	69.58	79.70	69.19
主营业务收入	62.84	65.46	66.05	66.59	69.40
主营业务成本	45.31	46.26	47.53	52.46	53.08
主营业务税金及附加	0.54	0.56	0.60	0.56	0.58
利润总额	7.49	8.76	8.25	4.93	6.36
本年应缴增值税	3.99	3.73	4.27	3.67	3.84

资料来源：北京市统计年鉴 2013—2017

截止到 2016 年年底，北京市规模以上国有及国有控股印刷企业数是 31 家，资产总计 115.96 亿元，负债合计 46.77 亿元，所有者权益 69.19 亿元。2016 年实现主营业务收入 69.40 亿元，利润总额 6.36 亿元。

表 5-10　北京市国有及国有控股印刷企业主要经济指标增长率　　　　单位：%

指　标	2013 年	2014 年	2015 年	2016 年
企业单位数增长率	-5.41	-5.71	0.00	-6.06
资产总计增长率	1.28	6.90	12.27	-2.57
流动资产合计增长率	2.08	16.09	6.30	17.11
负债合计增长率	-4.32	8.94	7.93	18.95
所有者权益增长率	4.40	5.86	14.54	-13.19
主营业务收入增长率	4.17	0.90	0.82	4.22
主营业务成本增长率	2.10	2.75	10.37	1.18
主营业务税金及附加增长率	3.70	7.14	-6.67	3.57
利润总额增长率	16.96	-5.82	-40.24	29.01
本年应缴增值税增长率	-6.52	14.48	-14.05	4.63

资料来源：根据表 5-9 数据计算

从增长率来看，2016 年的企业单位数、总资产、所有者权益等指标增长率为负数，利润总额增长率达到 29.01%，流动资产和负债也有较大的增长。

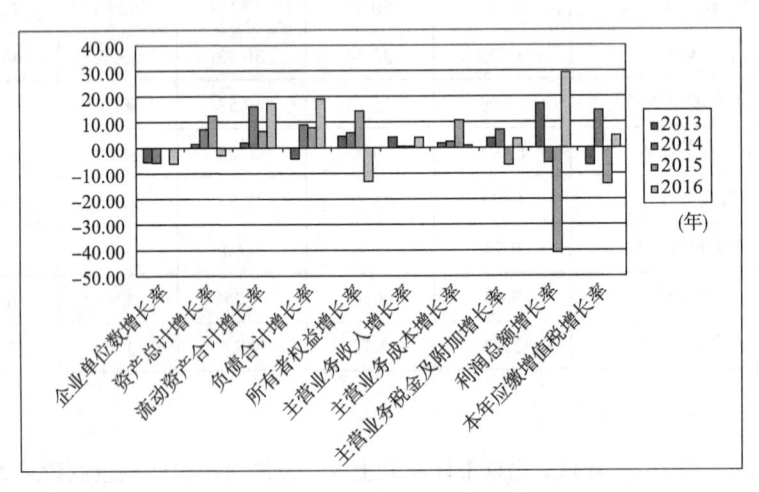

图 5-6　北京市国有及国有控股印刷企业主要经济指标增长率

3. 北京市规模以上国有及国有控股企业指标比较分析

表 5-11　北京市规模以上国有及国有控股印刷企业主要经济指标占比　　　　单位：%

指　标	2012 年	2013 年	2014 年	2015 年	2016 年
企业单位数百分比	4.68	4.52	4.31	4.43	4.45
资产总计百分比	0.45	0.44	0.43	0.42	0.37
流动资产合计百分比	0.74	0.69	0.73	0.74	0.80
负债合计百分比	0.32	0.28	0.29	0.31	0.34
所有者权益百分比	0.60	0.60	0.58	0.51	0.39
主营业务收入百分比	0.64	0.61	0.59	0.63	0.62
主营业务成本百分比	0.53	0.49	0.49	0.58	0.56
主营业务税金及附加百分比	0.23	0.23	0.22	0.19	0.20
利润总额百分比	0.96	1.23	0.88	0.46	0.62
本年应缴增值税百分比	1.62	1.28	1.36	1.14	1.20

资料来源：根据表 5-7 和表 5-9 数据计算

2012—2016 年，北京市规模以上国有及国有控股印刷企业总资产和所有者权益占比下降，主营业务收入占比略有变动，利润总额占比整体下降。

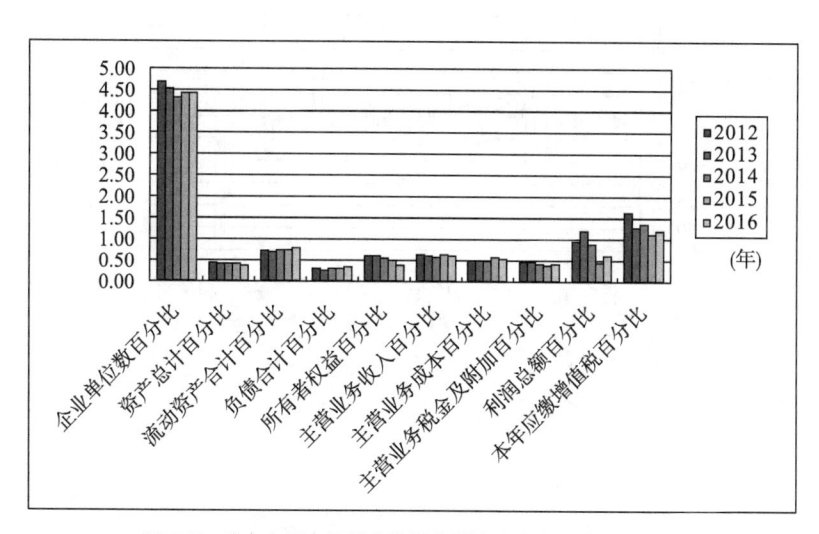

图 5-7　北京市国有及国有控股印刷企业主要经济指标占比

表 5-12　北京市规模以上国有及国有控股企业主要经济指标增长率之差　　单位：%

指　　标	2013年	2014年	2015年	2016年
企业单位数增长率之差	-3.51	-4.42	2.61	0.38
资产总计增长率之差	-4.22	-0.19	-3.71	-13.81
流动资产合计增长率之差	-6.81	5.93	0.93	8.72
负债合计增长率之差	-12.03	4.83	5.19	12.04
所有者权益增长率之差	1.22	-4.50	-15.10	-27.94
主营业务收入增长率之差	-4.72	-4.14	6.84	-1.64
主营业务成本增长率之差	-6.85	-1.66	17.79	-4.02
主营业务税金及附加增长率之差	-1.47	-2.20	-16.29	6.63
利润总额增长率之差	25.85	-37.05	-55.37	34.45
本年应缴增值税增长率之差	-24.36	6.62	-16.28	5.18

资料来源：根据表5-8和表5-9数据计算

北京市规模以上国有及国有控股印刷企业主要经济指标增长率有的高于国有控股工业企业，有的低于国有控股工业企业。2016年印刷企业利润总额增长率比工业企业高34.45个百分点。

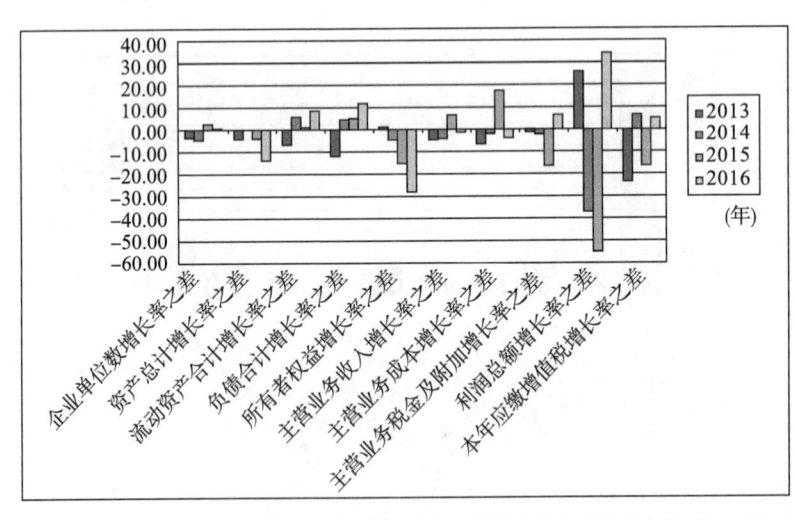

图 5-8　北京市国有及国有控股企业主要经济指标增长率之差

（三）北京市股份制印刷企业发展情况

1. 北京市股份制工业企业指标分析

表 5-13　北京市股份制工业企业主要经济指标　　　单位：亿元

指　标	2012 年	2013 年	2014 年	2015 年
企业单位数/个	1473	1454	1504	1481
资产总计	11573.93	12190.41	13663.89	14663.27
流动资产合计	5396.41	5866.51	6351.06	7039.62
负债合计	6060.58	6590.58	7102.91	7630.25
所有者权益	5512.91	5599.46	6532.09	7019.34
主营业务收入	7669.06	7148.36	7249.61	6522.22
主营业务成本	6756.26	6206.86	6219.54	5449.35
主营业务税金及附加	119.03	104.58	119.43	46.12
利润总额	414.63	325.95	429.07	442.33
本年应缴增值税	168.55	184.63	192.41	194.63

资料来源：北京市统计年鉴 2013—2016

截止到 2015 年年底，北京市股份制工业企业单位数为 1481 家，资产总计 14663.27 亿元，负债合计 7630.25 亿元，所有者权益 7019.34 亿元。2015 年实现主营业务收入 6522.22 亿元，利润总额 442.33 亿元。

表 5-14　北京市股份制工业企业主要经济指标增长率　　　单位：%

指　标	2013 年	2014 年	2015 年
企业单位数增长率	-1.29	3.44	-1.53
资产总计增长率	5.33	12.09	7.31
流动资产合计增长率	8.71	8.26	10.84
负债合计增长率	8.75	7.77	7.42
所有者权益增长率	1.57	16.66	7.46

续表

指　　标	2013 年	2014 年	2015 年
主营业务收入增长率	-6.79	1.42	-10.03
主营业务成本增长率	-8.13	0.20	-12.38
主营业务税金及附加增长率	-12.14	14.20	-61.38
利润总额增长率	-21.39	31.64	3.09
本年应缴增值税增长率	9.54	4.21	1.15

资料来源：根据表 5-13 数据计算

2013—2015 年，北京市股份制工业企业主要经济指标增长率有较大变化，2014 年各主要指标增长率为正数，2015 年企业单位数、主营业务收入、主营业务成本等指标增长率为负数，业务下滑，但是利润总额略有增长。

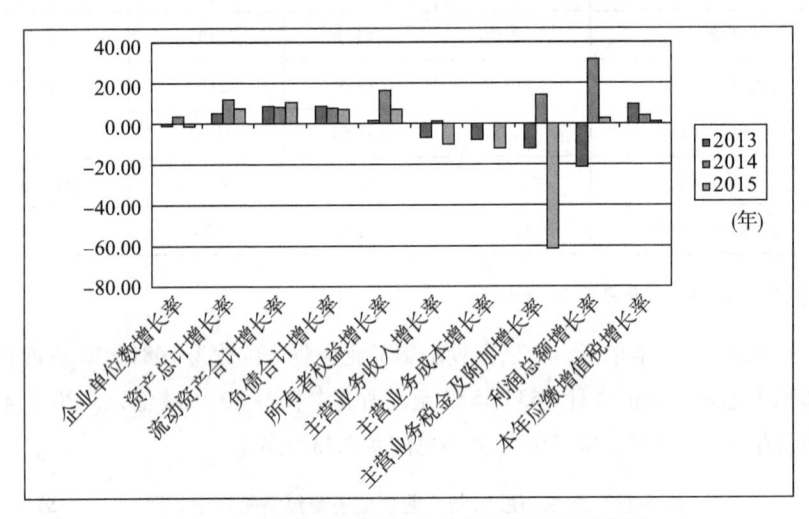

图 5-9　北京市股份制工业企业主要经济指标增长率

2. 北京市股份制印刷企业指标分析

表 5-15　北京市股份制印刷企业主要经济指标　　　　单位：亿元

指　　标	2012 年	2013 年	2014 年	2015 年
企业单位数/个	40	35	37	39
资产总计	84.66	99.17	95.10	112.33

续表

指　标	2012年	2013年	2014年	2015年
流动资产合计	42.01	46.80	54.15	65.61
负债合计	28.92	30.35	33.11	42.52
所有者权益	55.73	58.04	61.99	69.81
主营业务收入	59.50	60.50	61.75	65.86
主营业务成本	42.66	43.13	45.00	51.64
主营业务税金及附加	0.42	0.41	0.45	0.47
利润总额	8.37	8.88	8.04	4.88
本年应缴增值税	3.63	3.32	3.80	3.72

资料来源：北京市统计年鉴2013—2016

截止到2015年年底，北京市股份制印刷企业39家，资产总计为112.33亿元，负债合计42.52亿元，所有者权益69.81亿元。2015年实现主营业务收入65.86亿元，利润总额4.88亿元。

表5-16　北京市股份制印刷企业主要经济指标增长率　　　　单位：%

指　标	2013年	2014年	2015年
企业单位数增长率	-12.50	5.71	5.41
资产总计增长率	17.14	-4.10	18.12
流动资产合计增长率	11.40	15.71	21.16
负债合计增长率	4.94	9.09	28.42
所有者权益增长率	4.14	6.81	12.61
主营业务收入增长率	1.68	2.07	6.66
主营业务成本增长率	1.10	4.34	14.76
主营业务税金及附加增长率	-2.38	9.76	4.44
利润总额增长率	6.09	-9.46	-39.30
本年应缴增值税增长率	-8.54	14.46	-2.11

资料来源：根据表5-15数据计算

2013—2015年，北京市股份制印刷企业主要经济指标增长率多数为正数。2014年、2015年利润总额增长率均为负数，利润连续下滑。

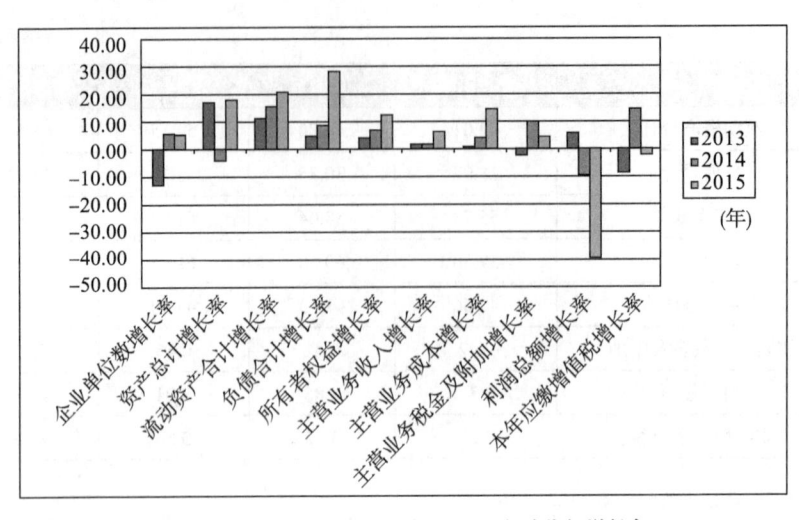

图 5-10　北京市股份制印刷企业主要经济指标增长率

3. 北京市股份制企业指标比较分析

表 5-17　北京市股份制印刷企业主要经济指标占比　　　　单位：%

指　标	2012 年	2013 年	2014 年	2015 年
企业单位数百分比	2.72	2.41	2.46	2.63
资产总计百分比	0.73	0.81	0.70	0.77
流动资产合计百分比	0.78	0.80	0.85	0.93
负债合计百分比	0.48	0.46	0.47	0.56
所有者权益百分比	1.01	1.04	0.95	0.99
主营业务收入百分比	0.78	0.85	0.85	1.01
主营业务成本百分比	0.63	0.69	0.72	0.95
主营业务税金及附加百分比	0.35	0.39	0.38	1.02
利润总额百分比	2.02	2.72	1.87	1.10
本年应缴增值税百分比	2.15	1.80	1.97	1.91

资料来源：根据表 5-13 和表 5-15 数据计算

从股份制企业的主要经济指标占股份制工业企业的比重来看，2016 年利润总额占比、应缴增值税占比有所下降，其他指标占比均有所上升。

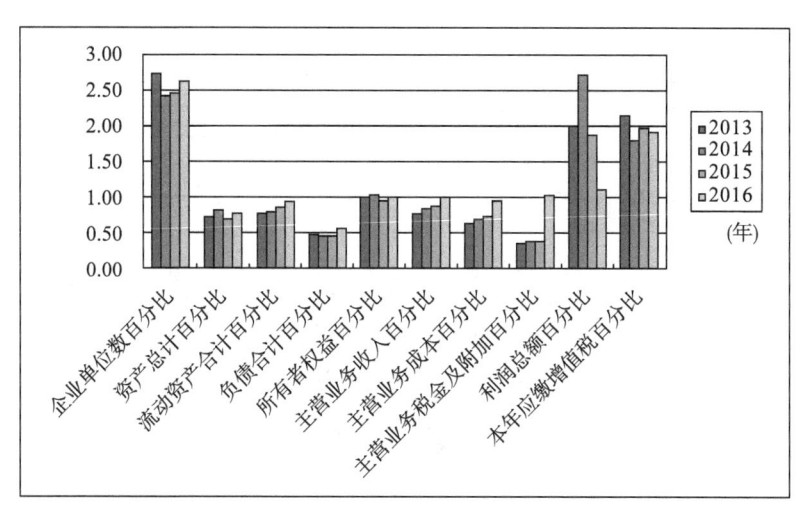

第五章 北京市印刷业发展状况分析

图 5-11 北京市股份制印刷企业主要经济指标占比

表 5-18 北京市股份制企业主要经济指标增长率之差　　　　　　　　　单位：%

指　　标	2013 年	2014 年	2015 年
企业单位数增长率之差	-11.21	2.28	6.93
资产总计增长率之差	11.81	-16.19	10.80
流动资产合计增长率之差	2.69	7.45	10.32
负债合计增长率之差	-3.80	1.32	21.00
所有者权益增长率之差	2.58	-9.85	5.16
主营业务收入增长率之差	8.47	0.65	16.69
主营业务成本增长率之差	9.23	4.13	27.14
主营业务税金及附加增长率之差	9.76	-4.44	65.83
利润总额增长率之差	27.48	-41.10	-42.39
本年应缴增值税增长率之差	-18.08	10.24	-3.26

资料来源：根据表 5-14 和表 5-16 数据计算

在 2013 年，除了企业单位数增长率之差，负债合计增长率之差和应缴增值税增长率之差为负数，其他均为正数，说明股份制印刷企业的增长速度快于股份制工业企业的平均水平。2014 年，资产总额的增长率，所有者权益增长率之差，利润总额增长率之差都为负数，其中利润总额增长率的差距最大，为 -41.1%。2015 年利润总额增长率差距进一步拉大。

89

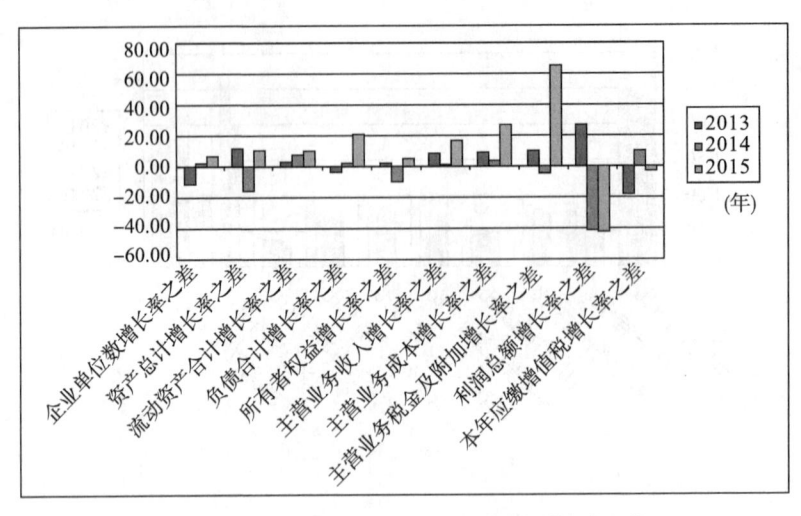

图 5-12　北京市股份制企业主要经济指标增长率之差

（四）北京市港澳台及外商投资印刷企业发展情况

1. 北京市港澳台及外商投资工业企业指标分析

表 5-19　北京市港澳台及外商投资工业企业主要经济指标　　单位：亿元

指　　标	2012 年	2013 年	2014 年	2015 年	2016 年
企业单位数/个	925	888	852	803	746
资产总计	5582.87	6438.83	7091.93	7644.52	8588.51
流动资产合计	3606.92	3957.99	4372.93	4651.70	5192.56
负债合计	3069.23	3468.38	3829.13	4130.15	4705.74
所有者权益	2513.23	2969.77	3261.78	3505.94	3880.80
主营业务收入	6395.96	7480.38	7908.30	7773.87	8197.48
主营业务成本	5166.55	5896.37	6382.82	6236.65	6539.63
主营业务税金及附加	97.20	130.47	137.40	137.68	146.17
利润总额	444.94	572.84	604.45	585.27	664.41
本年应缴增值税	194.61	231.0	231.52	242.88	232.47

资料来源：北京市统计年鉴 2013—2017

第五章 北京市印刷业发展状况分析

截止到2016年年底,北京市有港澳台及外商投资企业746家,资产总计8588.51亿元,负债合计4705.74亿元,所有者权益3880.80亿元。2016年实现主营业务收入8197.48亿元,利润总额664.41亿元。

表5-20 北京市港澳台及外商投资工业企业主要经济指标增长率　　　单位:%

指　标	2013年	2014年	2015年	2016年
企业单位数增长率	-4.00	-4.05	-5.75	-7.10
资产总计增长率	15.33	10.14	7.79	12.35
流动资产合计增长率	9.73	10.48	6.37	11.63
负债合计增长率	13.00	10.40	7.86	13.94
所有者权益增长率	18.17	9.83	7.49	10.69
主营业务收入增长率	16.95	5.72	-1.70	5.45
主营业务成本增长率	14.13	8.25	-2.29	4.86
主营业务税金及附加增长率	34.23	5.31	0.20	6.17
利润总额增长率	28.75	5.52	-3.17	13.52
本年应缴增值税增长率	18.70	0.23	4.91	-4.29

资料来源:根据表5-19数据计算

2013—2016年,企业单位数增长率均为负数,2015年主营业务收入、主营业务成本增长率为负数,2016年整体情况好转,利润总额实现增长。

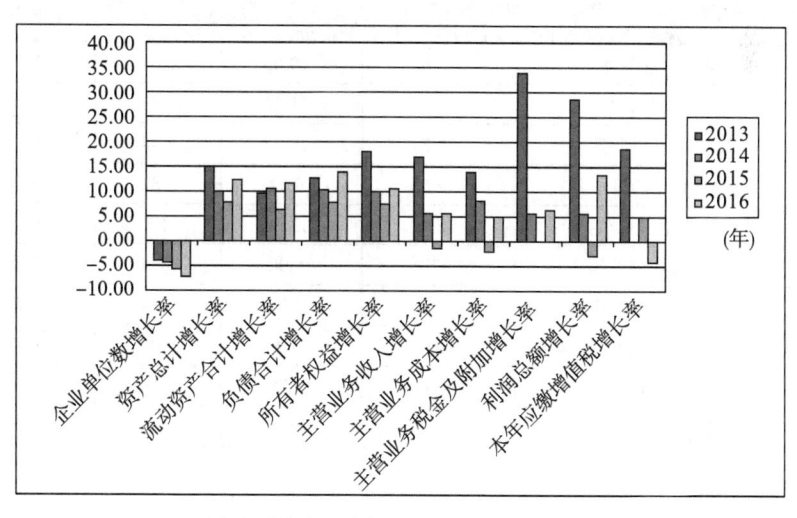

图5-13 北京市港澳台及外商投资工业企业主要经济指标增长率

2. 北京市港澳台及外商投资的印刷企业指标分析

表 5-21　北京市港澳台及外商投资印刷企业主要经济指标　　　单位：亿元

指标	2012年	2013年	2014年	2015年	2016年
企业单位数/个	25	21	17	17	17
资产总计	41.19	34.16	30.26	29.37	29.47
流动资产合计	25.20	22.46	18.48	19.19	19.58
负债合计	11.94	10.43	9.75	9.83	9.67
所有者权益	29.25	23.72	20.51	19.54	19.79
主营业务收入	27.97	26.02	24.72	22.62	21.74
主营业务成本	21.25	19.65	18.65	18.25	17.29
主营业务税金及附加	0.20	0.18	0.16	0.16	0.15
利润总额	2.81	2.54	3.02	1.49	1.35
本年应缴增值税	1.62	1.63	1.19	1.28	1.19

资料来源：北京市统计年鉴2013—2017

截止到2016年年底，北京市港澳台及外商投资印刷企业17家，资产总计29.47亿元，负债合计9.67亿元，所有者权益19.79亿元。2016年实现主营业务收入21.74亿元，利润总额1.35亿元。

表 5-22　北京市港澳台及外商投资印刷企业主要经济指标增长率　　　单位：%

指标	2013年	2014年	2015年	2016年
企业单位数增长率	-16.00	-19.05	0.00	0.00
资产总计增长率	-17.07	-11.42	-2.94	0.34
流动资产合计增长率	-10.87	-17.72	3.84	2.03
负债合计增长率	-12.65	-6.52	0.82	-1.63
所有者权益增长率	-18.91	-13.53	-4.73	1.28
主营业务收入增长率	-6.97	-5.00	-8.50	-3.89
主营业务成本增长率	-7.53	-5.09	-2.14	-5.26
主营业务税金及附加增长率	-10.00	-11.11	0.00	-6.25
利润总额增长率	-9.61	18.90	-50.66	-9.40
本年应缴增值税增长率	0.62	-26.99	7.56	-7.03

资料来源：根据表5-21数据计算

2013—2016年，北京市港澳台及外商投资印刷企业主要经济指标增长率大多为负数，主营业务收入与利润均出现下滑的趋势，形势不容乐观。

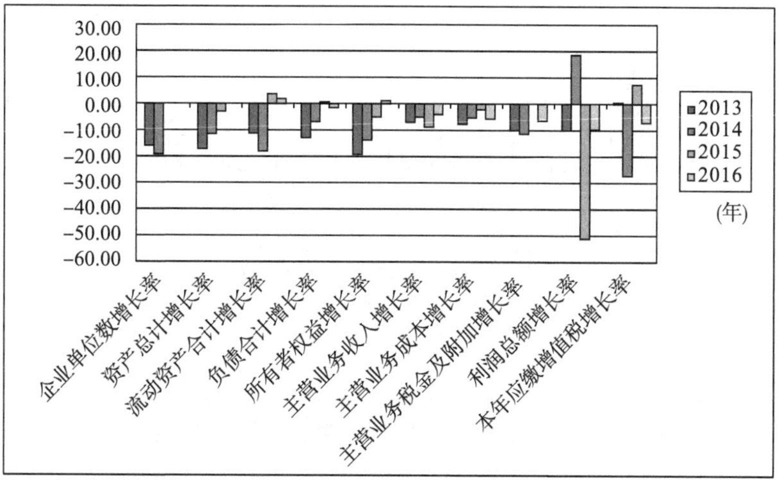

图 5-14　北京市港澳台及外商投资印刷企业主要经济指标增长率

3. 北京市港澳台及外商投资企业指标比较分析

表 5-23　北京市港澳台及外商投资印刷企业主要经济指标占比　　　　单位：%

指　　标	2012 年	2013 年	2014 年	2015 年	2016 年
企业单位数百分比	2.70	2.36	2.00	2.12	2.28
资产总计百分比	0.74	0.53	0.43	0.38	0.34
流动资产合计百分比	0.70	0.57	0.42	0.41	0.38
负债合计百分比	0.39	0.30	0.25	0.24	0.21
所有者权益百分比	1.16	0.80	0.63	0.56	0.51
主营业务收入百分比	0.44	0.35	0.31	0.29	0.27
主营业务成本百分比	0.41	0.33	0.29	0.29	0.26
主营业务税金及附加百分比	0.21	0.14	0.12	0.12	0.10
利润总额百分比	0.63	0.44	0.50	0.25	0.20
本年应缴增值税百分比	0.83	0.71	0.51	0.53	0.51

资料来源：根据表 5-19 和表 5-21 数据计算

2012—2016 年，北京市港澳台及外商投资印刷企业占工业企业的比重呈现逐年减少的趋势。

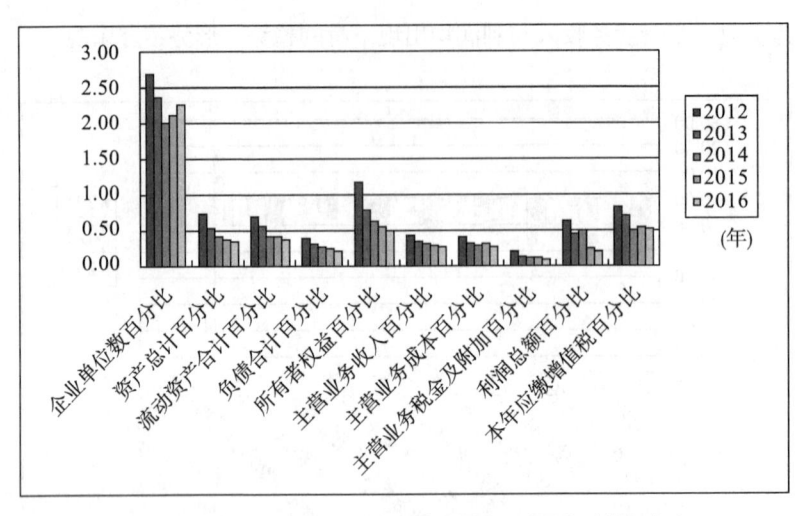

图 5-15　北京市港澳台及外商投资印刷企业主要经济指标占比

表 5-24　北京市港澳台及外商投资企业主要经济指标增长率之差　　单位：%

指　标	2013 年	2014 年	2015 年	2016 年
企业单位数增长率之差	-12.00	-14.99	5.75	7.10
资产总计增长率之差	-32.40	-21.56	-10.73	-12.01
流动资产合计增长率之差	-20.61	-28.20	-2.53	-9.59
负债合计增长率之差	-25.65	-16.92	-7.04	-15.56
所有者权益增长率之差	-37.07	-23.37	-12.21	-9.41
主营业务收入增长率之差	-23.93	-10.72	-6.80	-9.34
主营业务成本增长率之差	-21.66	-13.34	0.15	-10.12
主营业务税金及附加增长率之差	-44.23	-16.42	-0.20	-12.42
利润总额增长率之差	-38.35	13.38	-47.49	-22.92
本年应缴增值税增长率之差	-18.08	-27.22	2.66	-2.75

资料来源：根据表 5-20 和表 5-22 数据计算

2013—2016 年，北京市港澳台及外商投资企业主要经济指标增长率之差大多数为负值，说明外商投资的印刷企业主要经济指标增长率低于外商投资工业企业主要经济指标增长率。

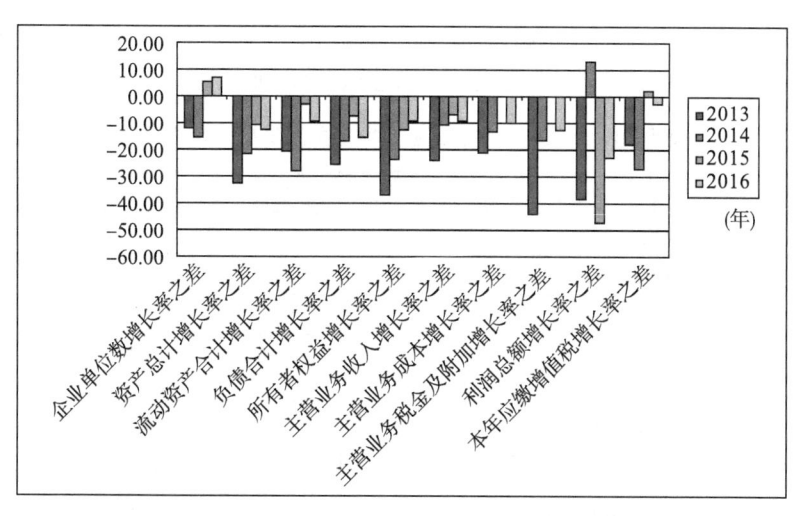

第五章 北京市印刷业发展状况分析

图 5-16 北京市港澳台及外商投资企业主要经济指标增长率之差

（五）北京市大中型印刷企业发展情况

1. 北京市大中型工业企业指标分析

表 5-25 北京市大中型工业企业主要经济指标　　　　单位：亿元

指　　标	2012 年	2013 年	2014 年	2015 年	2016 年
企业单位数/个	776	777	748	694	676
资产总计	24635.76	26512.22	28450.38	32442.00	36891.28
流动资产合计	8937.26	9839.73	10804.55	11395.94	12892.68
负债合计	12686.03	13806.85	14455.64	14908.24	16768.92
所有者权益	11949.43	12705.37	13994.74	17529.73	20122.32
主营业务收入	13316.43	14956.30	16039.78	15270.92	16356.13
主营业务成本	11261.61	12665.52	13566.07	12777.08	13704.27
主营业务税金及附加	247.30	266.63	290.20	314.93	303.41
利润总额	1059.46	1084.99	1303.50	1354.25	1365.06
本年应缴增值税	366.51	442.16	464.15	470.17	450.19

资料来源：北京市统计年鉴 2013—2017

截止到 2016 年年底，北京市大中型工业企业数为 676 家，资产总计

36891.28亿元，负债合计16768.92亿元，所有者权益20122.32亿元。2016年实现主营业务收入16356.13亿元，利润总额1365.06亿元。

表5-26 北京市大中型工业企业主要经济指标增长率　　　单位：%

指　　标	2013年	2014年	2015年	2016年
企业单位数增长率	0.13	-3.73	-7.22	-2.59
资产总计增长率	7.62	7.31	14.03	13.71
流动资产合计增长率	10.10	9.81	5.47	13.13
负债合计增长率	8.84	4.70	3.13	12.48
所有者权益增长率	6.33	10.15	25.26	14.79
主营业务收入增长率	12.31	7.24	-4.79	7.11
主营业务成本增长率	12.47	7.11	-5.82	7.26
主营业务税金及附加增长率	7.82	8.84	8.52	-3.66
利润总额增长率	2.41	20.14	3.89	0.80
本年应缴增值税增长率	20.64	4.97	1.30	-4.25

资料来源：根据表5-25数据计算

从增长率来看，2013年主要经济指标增长率均为正数，2014年除企业单位数增长率为负数以外，其他各项经济指标增长率均为正数，2015年，主营业务收入、主营业务成本增长率为负数，2016年主营业务税金及附加增长率、本年应缴增值税增长率为负数。

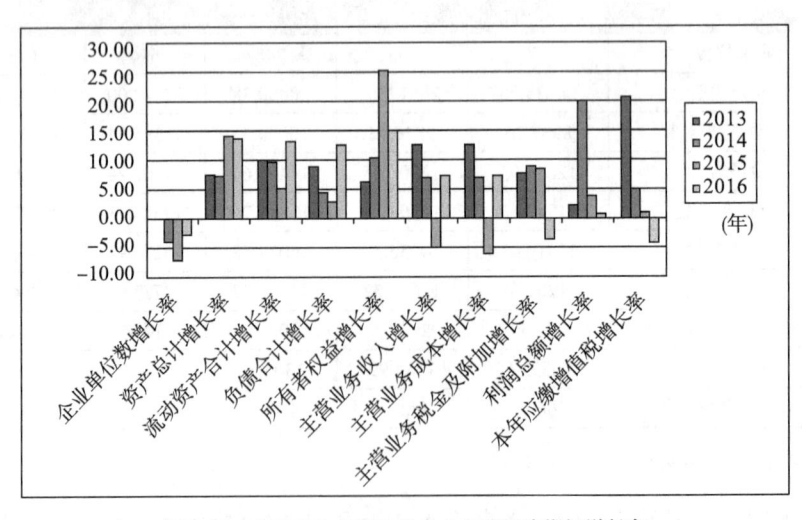

图5-17 北京市大中型工业企业主要经济指标增长率

2. 北京市大中型印刷企业指标分析

表5-27　北京市大中型印刷企业主要经济指标　　　　单位：亿元

指标	2012年	2013年	2014年	2015年	2016年
企业单位数/个	23	19	18	17	16
资产总计	92.77	94.46	97.63	110.01	119.43
流动资产合计	46.13	47.16	52.28	54.76	76.48
负债合计	30.29	29.69	32.97	33.79	45.81
所有者权益	62.48	64.77	64.67	76.21	73.62
主营业务收入	66.41	63.86	64.41	66.63	76.25
主营业务成本	50.36	47.40	49.26	55.06	60.98
主营业务税金及附加	0.46	0.48	0.48	0.48	0.54
利润总额	5.99	6.72	4.69	1.83	5.85
本年应缴增值税	3.77	3.67	4.10	4.08	4.25

资料来源：北京市统计年鉴2013—2017

截止到2016年年底，北京市大中型企业单位个数为16个，资产总计为119.43亿元，负债合计为45.81亿元。2016年主营业务收入实现76.25亿元，利润总额实现5.85亿元。

表5-28　北京市大中型印刷企业主要经济指标增长率　　　　单位：%

指标	2013年	2014年	2015年	2016年
企业单位数增长率	-17.39	-5.26	-5.56	-5.88
资产总计增长率	1.82	3.36	12.68	8.56
流动资产合计增长率	2.23	10.86	4.74	39.66
负债合计增长率	-1.98	11.05	2.49	35.57
所有者权益增长率	3.67	-0.15	17.84	-3.40
主营业务收入增长率	-3.84	0.86	3.45	14.44
主营业务成本增长率	-5.88	3.92	11.77	10.75
主营业务税金及附加增长率	4.35	0.00	0.00	12.50
利润总额增长率	12.19	-30.21	-60.98	219.67
本年应缴增值税增长率	-2.65	11.72	-0.49	4.17

资料来源：根据表5-27数据计算

2013—2016年，北京市大中型印刷企业单位数逐年减少，2014年、2015年的利润总额增长率均为负数，2016年主营业务收入下降而利润总额大幅增长。

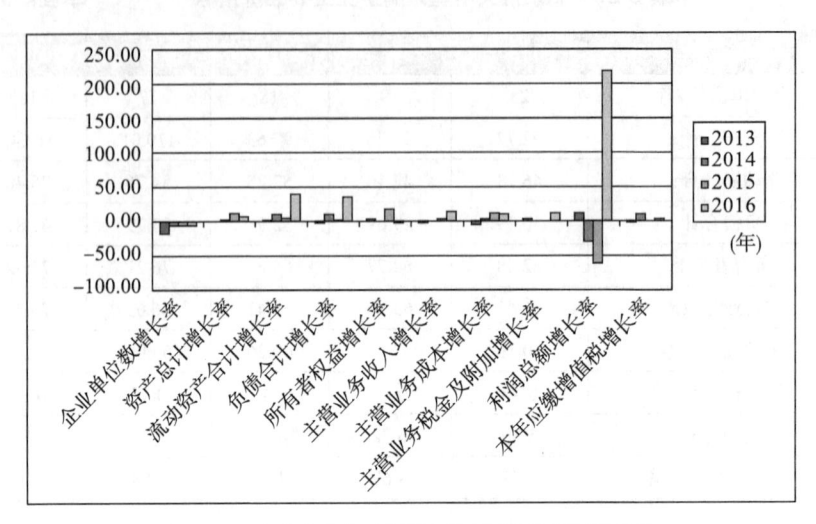

图 5-18 北京市大中型印刷企业主要经济指标增长率

3. 北京市大中型企业指标比较分析

表 5-29 北京市大中型印刷企业主要经济指标占比　　　　　　　　单位：%

指　　标	2012 年	2013 年	2014 年	2015 年	2016 年
企业单位数百分比	2.96	2.45	2.41	2.45	2.37
资产总计百分比	0.38	0.36	0.34	0.34	0.32
流动资产合计百分比	0.52	0.48	0.48	0.48	0.59
负债合计百分比	0.24	0.22	0.23	0.23	0.27
所有者权益百分比	0.52	0.51	0.46	0.43	0.37
主营业务收入百分比	0.50	0.43	0.40	0.44	0.47
主营业务成本百分比	0.45	0.37	0.36	0.43	0.44
主营业务税金及附加百分比	0.19	0.18	0.17	0.15	0.18
利润总额百分比	0.57	0.62	0.36	0.14	0.43
本年应缴增值税百分比	1.03	0.83	0.88	0.87	0.94

资料来源：根据表 5-25 和表 5-27 数据计算

整体来看，大中型印刷企业主要经济指标占大中型工业企业的比重有小幅

第五章 北京市印刷业发展状况分析

度下降。

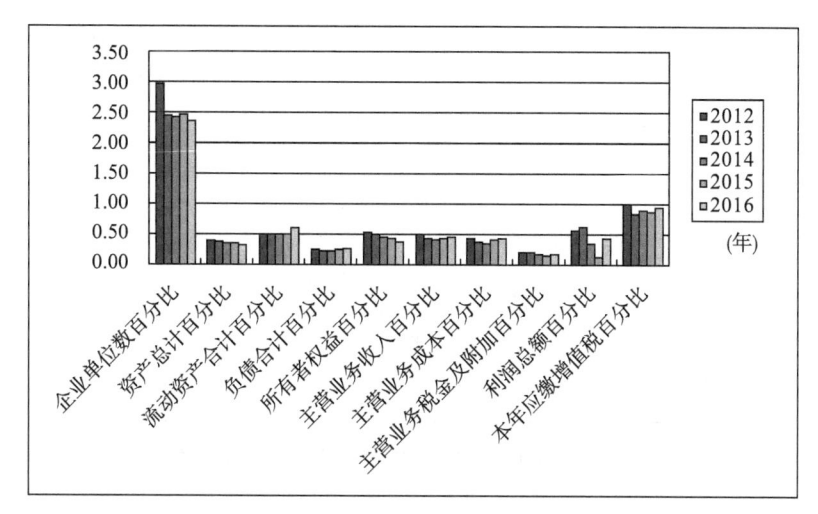

图 5-19 北京市大中型印刷企业主要经济指标占比

表 5-30 北京市大中型企业主要经济指标增长率之差　　　　　　　　单位：%

指　　标	2013 年	2014 年	2015 年	2016 年
企业单位数增长率之差	-17.52	-1.53	1.66	-3.29
资产总计增长率之差	-5.80	-3.95	-1.35	-5.15
流动资产合计增长率之差	-7.87	1.05	-0.73	26.53
负债合计增长率之差	-10.82	6.35	-0.64	23.09
所有者权益增长率之差	-2.66	-10.30	-7.41	-18.19
主营业务收入增长率之差	-16.15	-6.38	8.24	7.33
主营业务成本增长率之差	-18.34	-3.19	17.59	3.50
主营业务税金及附加增长率之差	-3.47	-8.84	-8.52	16.16
利润总额增长率之差	9.78	-50.35	-64.87	218.87
本年应缴增值税增长率之差	-23.29	6.74	-1.78	8.42

资料来源：根据表 5-26 和表 5-28 数据计算

　　用大中型印刷企业经济指标增长率减去大中型工业企业经济指标增长率得到它们的差额。从中我们看出多数情况下，大中型印刷企业主要经济指标增长率低于大中型工业企业，差异较大的是 2016 年大中型印刷企业利润总额增长率远高于大中型工业企业利润总额增长率。

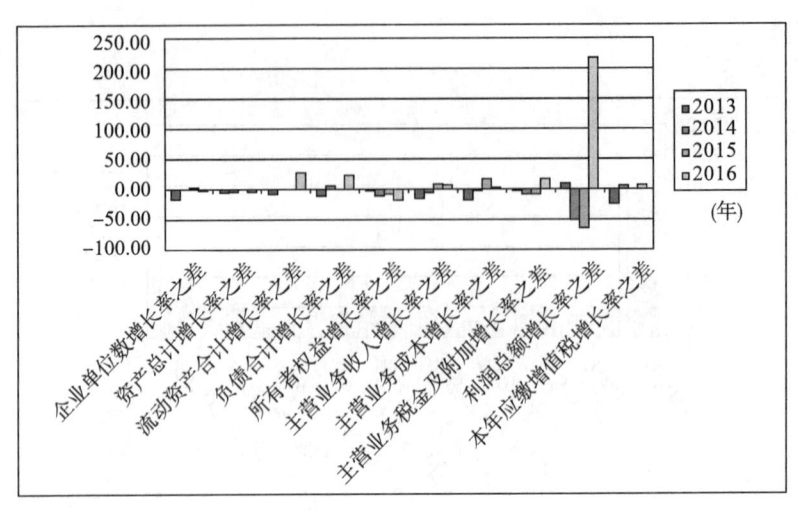

图 5-20　北京市大中型企业主要经济指标增长率之差

在京津冀协同发展战略深入推进和北京产业结构转型升级的大背景下，北京市规模以上工业企业主要经济指标增长率有所回落，从规模扩张转向结构和效益优化的发展新阶段。规模以上印刷企业单位数逐年减少，2016年资产、负债、权益、主营业务收入、主营业务成本等指标下降，但是利润总额逆势上扬，经济效益好转，说明北京市产业疏解和印刷业的供给侧结构性改革取得初步成效，行业的调整为优质企业的发展提供了更大的空间。在北京市工业整体转型和结构调整的过程中，印刷业在工业中的相对地位有所下降，说明北京市工业的产业升级不断推进。未来，北京印刷业要自觉遵守北京市产业发展规划和城市发展规划的要求，大力发展绿色印刷、数字印刷，走绿色化、数字化、智能化、融合化的发展道路。

（六）北京市印刷业分布状况分析

本部分根据北京市新闻出版广电局官方网站关于印刷复制企业基本资料的整理分析得到，可以反映出北京市印刷复制企业的业务类型和各区印刷企业的基本情况。根据印刷复制企业的主营业务，可以分为出版物印刷、包装装潢印刷、其他印刷（主要是商业印刷等快速印刷）、数码印刷（使用数码印刷技术与设备的各类印刷品印刷）和安全印刷（主要指各类票证的特种印刷）等。有些规模大一些的印刷企业，可能以出版物印刷为主，同时兼营包装装潢印刷

第五章 北京市印刷业发展状况分析

和其他印刷，另外，数码印刷可以从事出版物印刷，也可以从事包装装潢印刷。包装装潢印刷可以进一步细分为包装印刷和装潢印刷等。出版物印刷主要指从事图书、期刊、报纸等出版物印刷。包装装潢印刷指为食品、药品、化妆品等消费品提供包装印刷或为产品宣传推广进行的广告、宣传、装潢等印刷，其他印刷主要为党政机关、企事业单位、社会组织等提供的一般商业性印刷服务。安全印刷主要从事人民币、有价证券、票证等特种产品的印刷。数码印刷主要使用各种数码印刷技术与设备从事的印刷服务。可以说，不同的印刷企业和印刷业务，满足了北京作为政治中心、文化中心、科技创新中心和国际交往中心的不同功能需要，满足了北京经济和社会发展的需要。

表 5-31　北京市印刷企业业务类型及结构

主营业务类型	企业单位数	百分比
出版物印刷	667	39.10%
包装装潢印刷	222	13.01%
其他印刷	697	40.86%
数码印刷	77	4.51%
安全印刷	43	2.52%
合计	1706	100.00%

资料来源：根据北京市新闻出版广电局网站资料计算整理

北京市有各类印刷企业1706家，其中出版物印刷企业667家，占39.10%；包装装潢印刷企业222家，占13.01%；其他印刷企业697家，占40.86%；数码印刷企业77家，占4.51%；安全印刷企业43家，占2.52%。

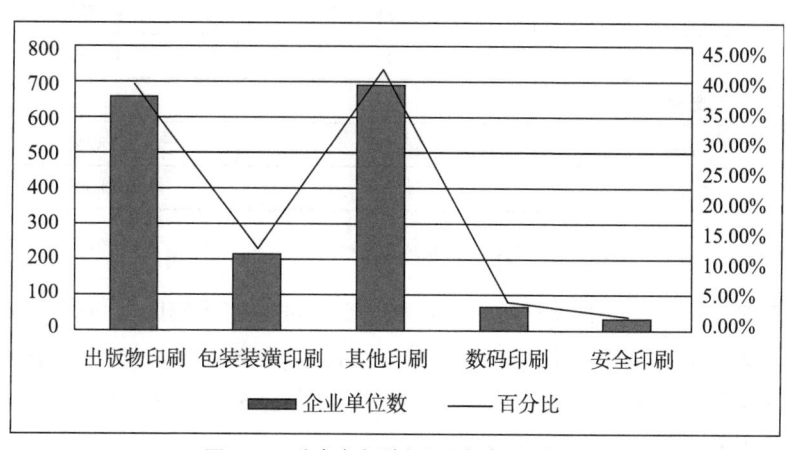

图 5-21　北京市印刷企业业务类型及结构

北京市出版物印刷和其他印刷为主体，主要是因为北京作为全国文化中心，集中了众多的出版社、期刊和报纸，具有巨大的出版物印刷需求，同时，北京作为具有2000多万人口的国际大都市，经济、社会组织众多，对一般商业印刷也存在巨大的需求，因此，以商业印刷为主的其他印刷企业众多。包装装潢印刷特别是服务于各类产品的包装印刷并不是北京印刷业发展的重点，因为北京的食品、饮料、烟草等对包装印刷需求比较大的产业并不是十分庞大。

表5-32　北京市印刷企业区域分布

市辖区	企业单位数	百分比
东城	64	3.75%
西城	123	7.21%
朝阳	217	12.72%
丰台	111	6.51%
石景山	20	1.17%
海淀	183	10.73%
门头沟	10	0.59%
房山	51	2.99%
通州	237	13.89%
顺义	139	8.15%
昌平	120	7.03%
大兴	248	14.54%
怀柔	81	4.75%
平谷	31	1.82%
密云	57	3.34%
延庆	14	0.82%
合计	1706	100.00%

资料来源：根据北京市新闻出版广电局网站资料计算整理

按照印刷企业经营所在地所属区域划分，北京市市辖区中印刷业最多的是大兴区，共有248家各类印刷企业，占比14.54%；第二位的是通州区，共有各类印刷企业237家，占比13.89%；朝阳区和海淀区印刷企业数占比也超过10%。

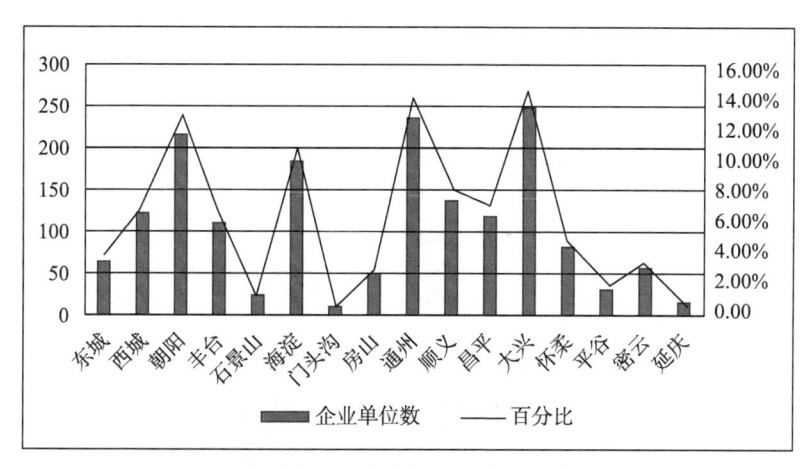

图 5-22 北京市印刷企业区域分布

北京市印刷企业主要位于城市功能拓展区和城市发展新区，如排在前几位的大兴、通州、朝阳、海淀、顺义等。城市功能核心区的西城和东城合计印刷企业 180 多家，占北京市印刷企业 10% 以上。属于生态涵养发展区的门头沟、平谷、怀柔、密云、延庆合计占全市印刷企业的 11% 左右。可见，印刷企业作为都市型工业，主要集中于人口和产业比较集中，交通比较便利，配套设施比较齐全，城市核心周边的平原区域。

表 5-33　北京市东城区印刷企业业务类型及结构

主营业务类型	企业单位数	百分比
出版物印刷	18	28.13%
包装装潢印刷	3	4.69%
其他印刷	34	53.13%
数码印刷	8	12.50%
安全印刷	1	1.56%
合计	64	100.00%

资料来源：根据北京市新闻出版广电局网站资料计算整理

东城区共有印刷企业 64 家，其中其他印刷企业 34 家，占 53.13%；出版物印刷企业 18 家，占 28.13%；数码印刷企业 8 家，占 12.50%。可见，在城市功能核心区，以其他印刷企业为主体，满足城市办公、宣传、文化交流以及居民等对商业印刷和数码印刷服务的需求。

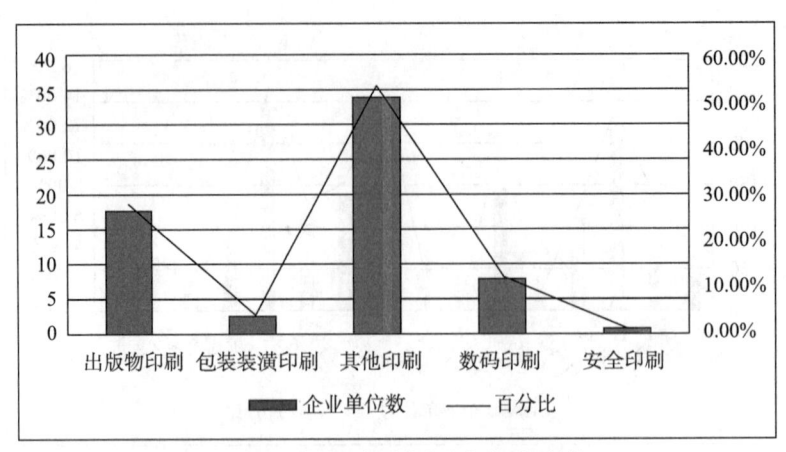

图 5-23　东城区印刷企业业务类型及结构

表 5-34　北京市西城区印刷企业业务类型及结构

主营业务类型	企业单位数	百分比
出版物印刷	42	34.15%
包装装潢印刷	4	3.25%
其他印刷	58	47.15%
数码印刷	14	11.38%
安全印刷	5	4.07%
合计	123	100.00%

资料来源：根据北京市新闻出版广电局网站资料计算整理

西城区共有印刷企业 123 家，其中其他印刷企业 58 家，占 47.15%；出版物印刷企业 42 家，占 34.15%；数码印刷企业 14 家，占 11.38%。

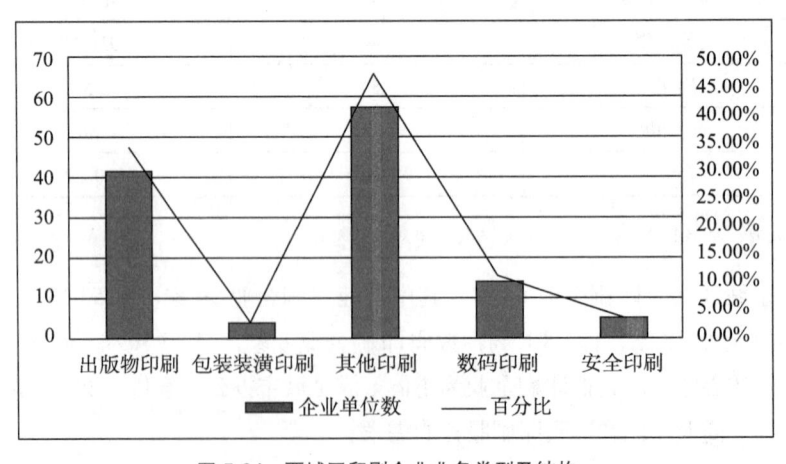

图 5-24　西城区印刷企业业务类型及结构

表 5-35 北京市朝阳区印刷企业类型及结构

主营业务类型	企业单位数	百分比
出版物印刷	62	28.57%
包装装潢印刷	19	8.76%
其他印刷	105	48.39%
数码印刷	31	14.29%
安全印刷	0	0.00%
合计	217	100.00%

朝阳区共有印刷企业 217 家，其中其他印刷企业 105 家，占 48.39%；出版物印刷企业 62 家，占 28.57%；数码印刷企业 31 家，占 14.29%。

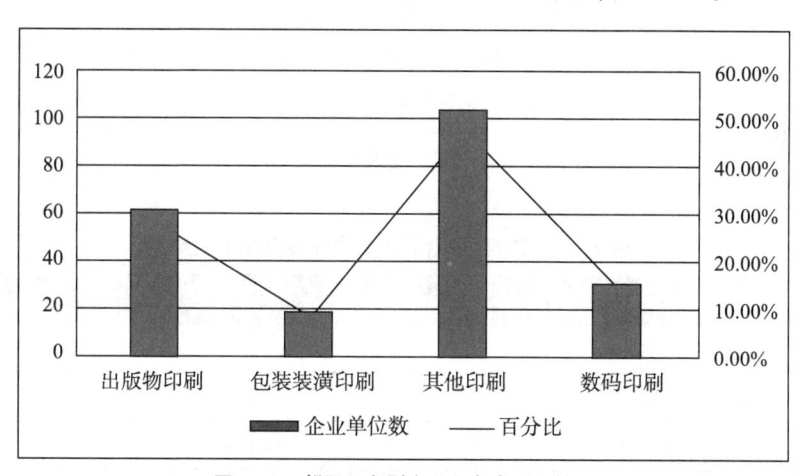

图 5-25 朝阳区印刷企业业务类型及结构

表 5-36 北京市丰台区印刷企业业务类型及结构

主营业务类型	企业单位数	百分比
出版物印刷	32	28.83%
包装装潢印刷	10	9.01%
其他印刷	62	55.86%
数码印刷	4	3.60%
安全印刷	3	2.70%
合计	111	100.00%

资料来源：根据北京市新闻出版广电局网站资料计算整理

丰台区共有印刷企业111家，其中其他印刷企业62家，占55.86%；出版物印刷企业32家，占28.83%；包装装潢印刷企业10家，占9.01%。

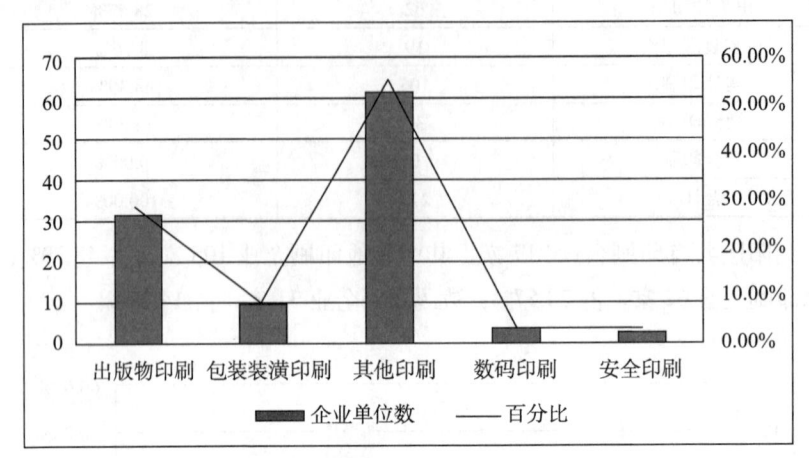

图5-26 丰台区印刷企业业务类型及结构

表5-37 北京市石景山区印刷企业业务类型及结构

主营业务类型	企业单位数	百分比
出版物印刷	8	40.00%
包装装潢印刷	0	0.00%
其他印刷	11	55.00%
数码印刷	0	0.00%
安全印刷	1	5.00%
合计	20	100.00%

资料来源：根据北京市新闻出版广电局网站资料计算整理

石景山区共有印刷企业20家，其中其他印刷企业11家，占55.00%；出版物印刷企业8家，占40.00%；安全印刷企业1家，占5.00%。

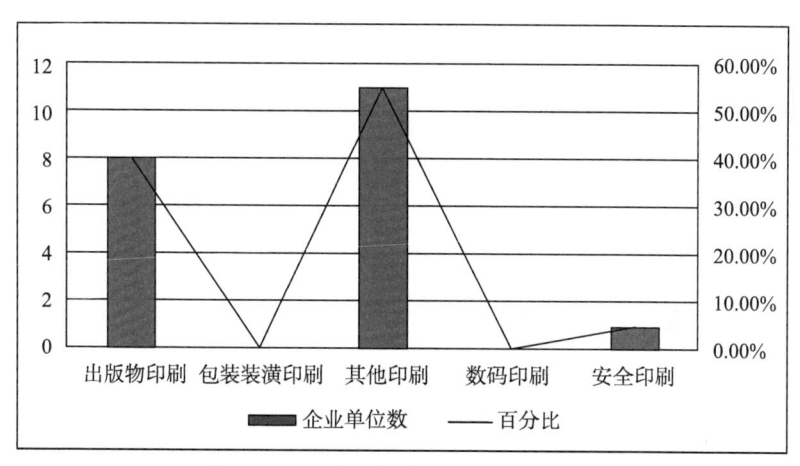

图 5-27 石景山区印刷企业业务类型及结构

表 5-38 北京市海淀区印刷企业业务类型及结构

主营业务类型	企业单位数	百分比
出版物印刷	56	30.60%
包装装潢印刷	6	3.28%
其他印刷	109	59.56%
数码印刷	9	4.92%
安全印刷	3	1.64%
合计	183	100.00%

资料来源：根据北京市新闻出版广电局网站资料计算整理

海淀区共有印刷企业 183 家，其中其他印刷企业 109 家，占 59.56%；出版物印刷企业 56 家，占 30.60%。

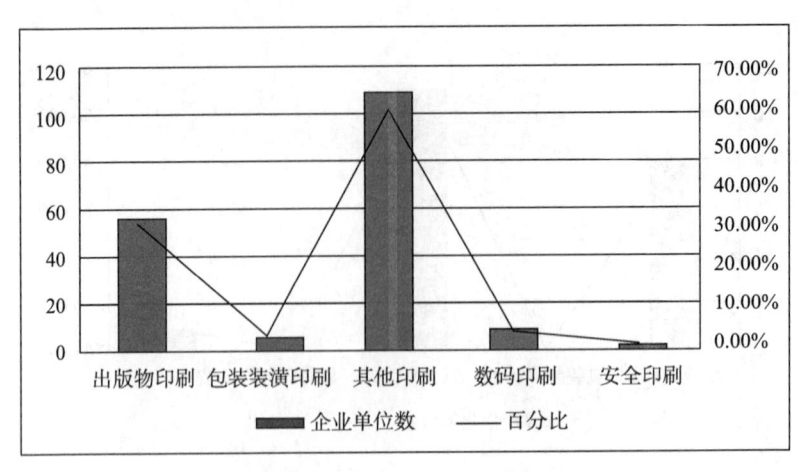

图 5-28　海淀区印刷企业业务类型及结构

表 5-39　北京市门头沟区印刷企业业务类型及结构

主营业务类型	企业单位数	百分比
出版物印刷	4	40.00%
包装装潢印刷	1	10.00%
其他印刷	5	50.00%
合计	10	100.00%

资料来源：根据北京市新闻出版广电局网站资料计算整理

门头沟区共有印刷企业 10 家，其中其他印刷企业 5 家，占 50%；出版物印刷企业 4 家，占 40%。

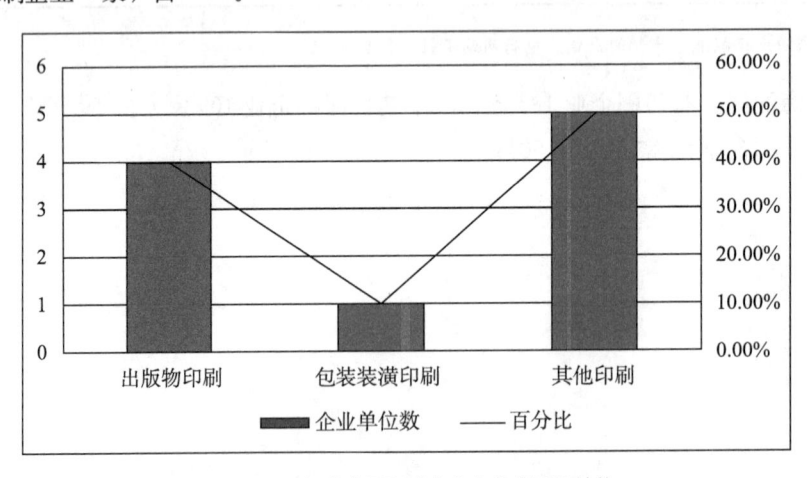

图 5-29　门头沟区印刷企业业务类型及结构

表 5-40　北京市房山区印刷企业类型及结构

主营业务类型	企业单位数	百分比
出版物印刷	12	23.53%
包装装潢印刷	12	23.53%
其他印刷	26	50.98%
数码印刷	0	0.00%
安全印刷	1	1.96%
合计	51	100.00%

房山区共有印刷企业 51 家，其中其他印刷企业 26 家，占 50.98%；出版物印刷企业 12 家，占 23.53%；包装装潢印刷企业 12 家，占 23.53%。

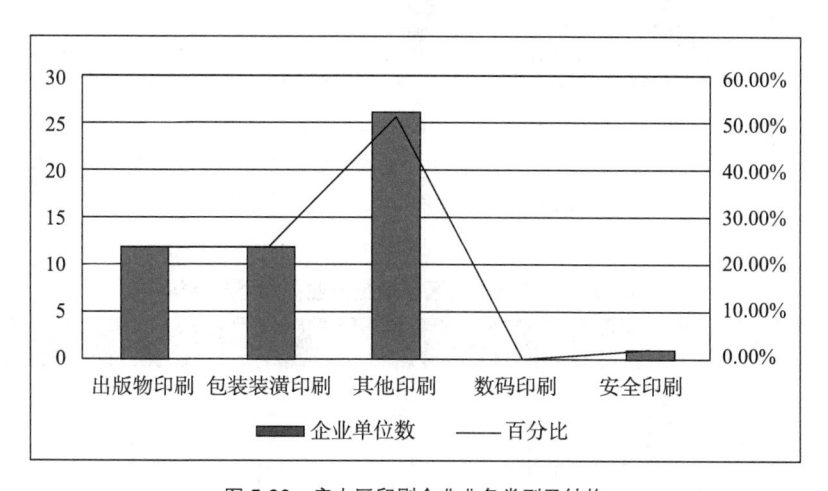

图 5-30　房山区印刷企业业务类型及结构

表 5-41　北京市通州区印刷企业业务类型及结构

主营业务类型	企业单位数	百分比
出版物印刷	153	64.56%
包装装潢印刷	21	8.86%
其他印刷	57	24.05%
数码印刷	1	0.42%
安全印刷	5	2.11%
合计	237	100.00%

资料来源：根据北京市新闻出版广电局网站资料计算整理

通州区共有印刷企业 237 家，其中出版物印刷企业 153 家，占 64.56%；其他印刷企业 57 家，占 24.05%；包装装潢印刷企业 21 家，占 8.86%。通州区是出版物印刷的重镇，出版物印刷超过 60%。

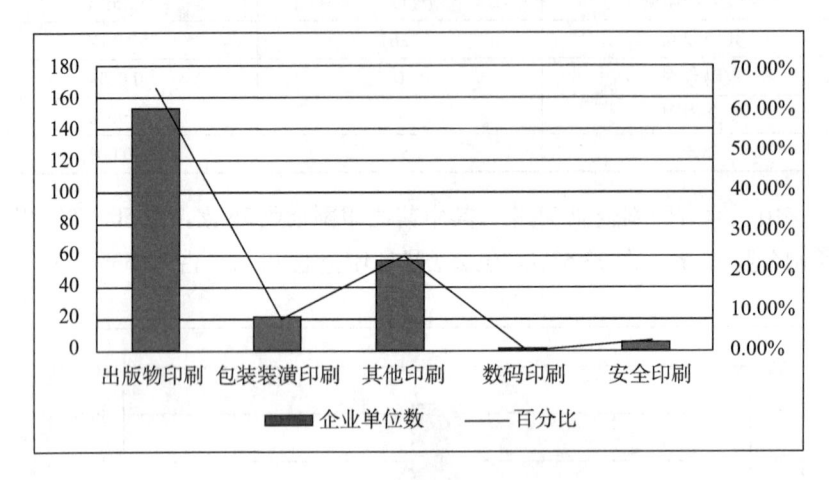

图 5-31 通州区印刷企业业务类型及结构

表 5-42 北京市顺义区印刷企业业务类型及结构

主营业务类型	企业单位数	百分比
出版物印刷	106	76.26%
包装装潢印刷	29	20.86%
其他印刷	3	2.16%
数码印刷	0	0.00%
安全印刷	1	0.72%
合计	139	100.00%

资料来源：根据北京市新闻出版广电局网站资料计算整理

顺义区共有印刷企业 139 家，其中出版物印刷企业 106 家，占 76.26%；包装装潢印刷企业 29 家，占 20.86%。顺义区出版物印刷企业占比最高，其次是包装装潢印刷企业。

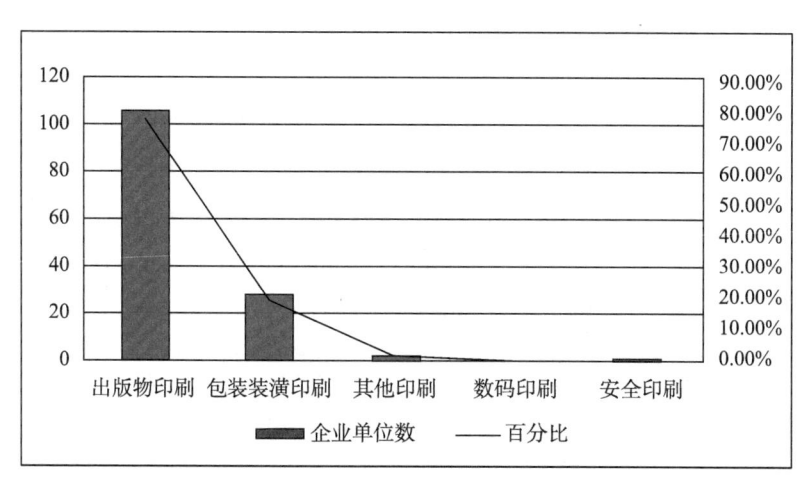

图 5-32 顺义区印刷企业业务类型及结构

表 5-43 北京市昌平区印刷企业业务类型及结构

主营业务类型	企业单位数	百分比
出版物印刷	53	44.17%
包装装潢印刷	19	15.83%
其他印刷	38	31.67%
数码印刷	5	4.17%
安全印刷	5	4.17%
合计	120	100.00%

资料来源：根据北京市新闻出版广电局网站资料计算整理

昌平区共有印刷企业 120 家，其中出版物印刷企业 53 家，占 44.17%；包装装潢印刷企业 19 家，占 15.83%；其他印刷企业 38 家，占 31.67%。

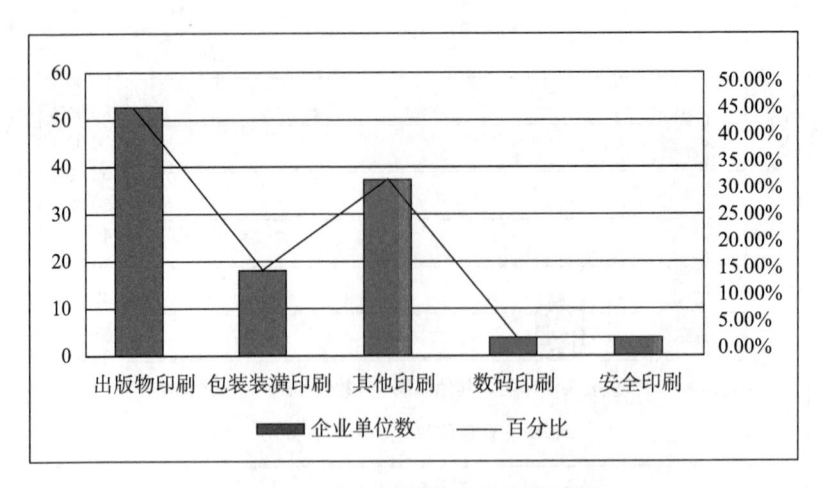

图 5-33 昌平区印刷企业业务类型及结构

表 5-44 北京市大兴区印刷企业业务类型及结构

主营业务类型	企业单位数	百分比
出版物印刷	94	37.90%
包装装潢印刷	46	18.55%
其他印刷	90	36.29%
数码印刷	4	1.61%
安全印刷	14	5.65%
合计	248	100.00%

资料来源：根据北京市新闻出版广电局网站资料计算整理

大兴区共有印刷企业 248 家，其中出版物印刷企业 94 家，占 37.90%；包装装潢印刷企业 46 家，占 18.55%；其他印刷企业 90 家，占 36.29%。

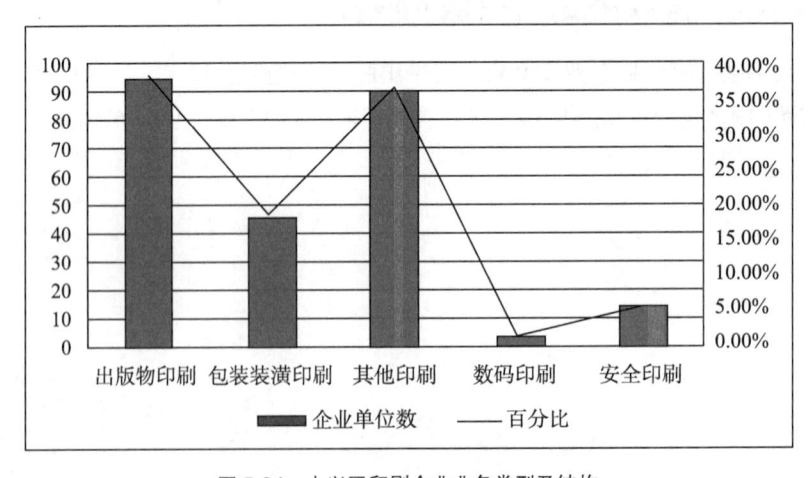

图 5-34 大兴区印刷企业业务类型及结构

表 5-45　北京市怀柔区印刷企业类型及结构

主营业务类型	企业单位数	百分比
出版物印刷	20	24.69%
包装装潢印刷	28	34.57%
其他印刷	29	35.80%
数码印刷	1	1.23%
安全印刷	3	3.70%
合计	81	100.00%

资料来源：根据北京市新闻出版广电局网站资料计算整理

怀柔区共有印刷企业81家，其中出版物印刷企业20家，占24.69%；包装装潢印刷企业28家，占34.57%；其他印刷企业29家，占35.80%。

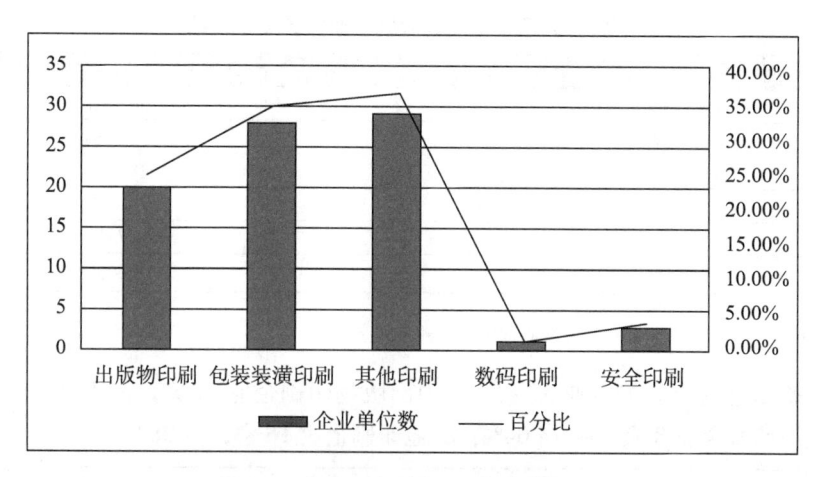

图 5-35　怀柔区印刷企业业务类型及结构

表 5-46　北京市平谷区印刷企业业务类型及结构

主营业务类型	企业单位数	百分比
出版物印刷	9	29.03%
包装装潢印刷	11	35.48%
其他印刷	11	35.48%
合计	31	100.00%

资料来源：根据北京市新闻出版广电局网站资料计算整理

平谷区共有印刷企业31家，其中出版物印刷企业9家，占29.03%；包装装潢印刷企业11家，占35.48%；其他印刷企业11家，占35.48%。

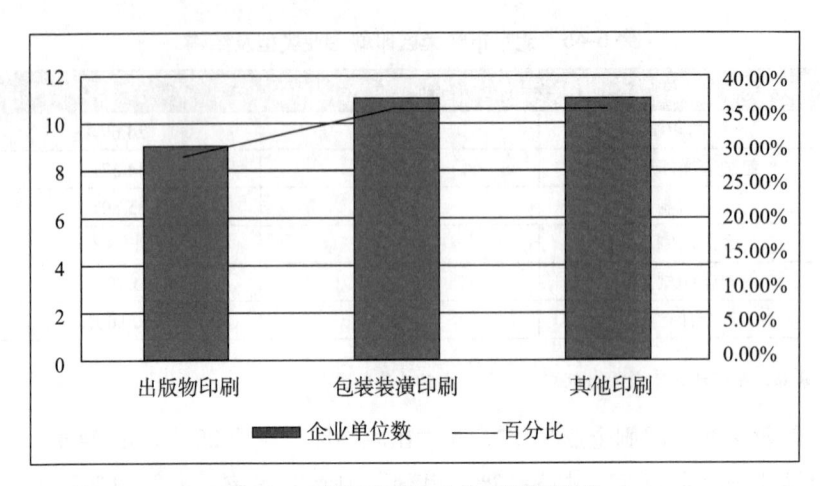

图 5-36 平谷区印刷企业业务类型及结构

表 5-47 北京市密云区印刷企业业务类型及结构

主营业务类型	企业单位数	百分比
出版物印刷	32	56.14%
包装装潢印刷	8	14.04%
其他印刷	16	28.07%
数码印刷	0	0.00%
安全印刷	1	1.75%
合计	57	100.00%

资料来源：根据北京市新闻出版广电局网站资料计算整理

密云区共有印刷企业 57 家，其中出版物印刷企业 32 家，占 56.14%；包装装潢印刷企业 8 家，占 14.04%；其他印刷企业 16 家，占 28.07%。

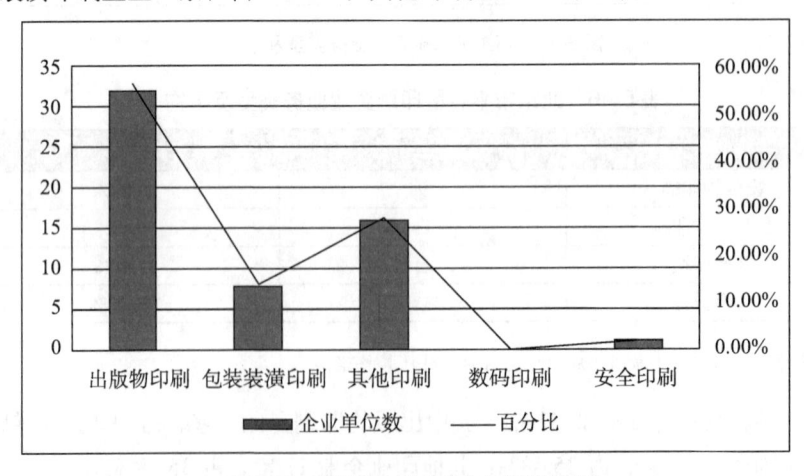

图 5-37 密云区印刷企业业务类型及结构

表 5-48 北京市延庆区印刷企业业务类型及结构

主营业务类型	企业单位数	百分比
出版物印刷	4	28.57%
包装装潢印刷	2	14.29%
其他印刷	8	57.14%
合计	14	100.00%

延庆区共有印刷企业 14 家，其中出版物印刷企业 4 家，占 28.57%；包装装潢印刷企业 2 家，占 14.29%；其他印刷企业 8 家，占 57.14%。

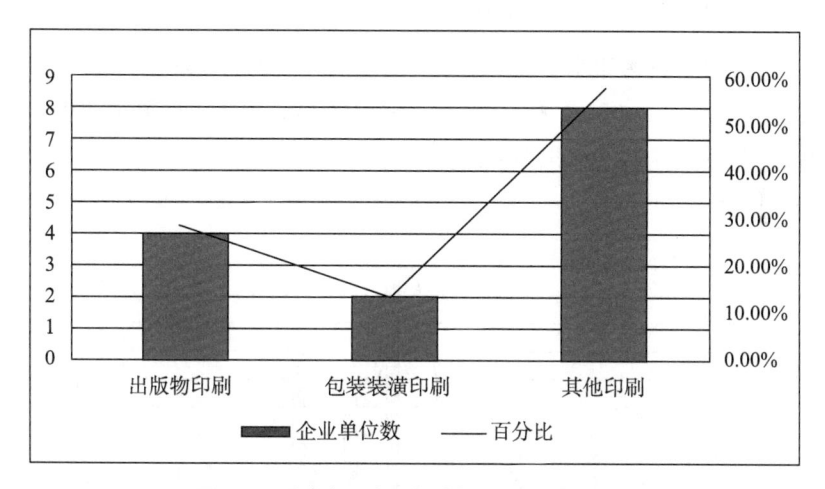

图 5-38 北京市延庆区印刷企业业务类型及结构

表 5-49 北京市出版物印刷企业分布

市辖区	企业单位数	百分比
东城	18	2.70%
西城	42	6.30%
朝阳	62	9.30%
丰台	32	4.80%
石景山	8	1.20%
海淀	56	8.40%
门头沟	4	0.60%
房山	12	1.80%
通州	153	22.94%
顺义	68	10.19%
昌平	53	7.95%

续表

市辖区	企业单位数	百分比
大兴	94	14.09%
怀柔	20	3.00%
平谷	9	1.35%
密云	32	4.80%
延庆	4	0.60%
合计	667	100.00%

资料来源：根据北京市新闻出版广电局网站资料计算整理

北京市有出版物印刷企业667家，其中通州区的有153家，占22.94%；大兴区94家，占14.09%；顺义68家，占10.19%。出版物印刷企业主要集中在通州、大兴、顺义、朝阳、海淀等地区。

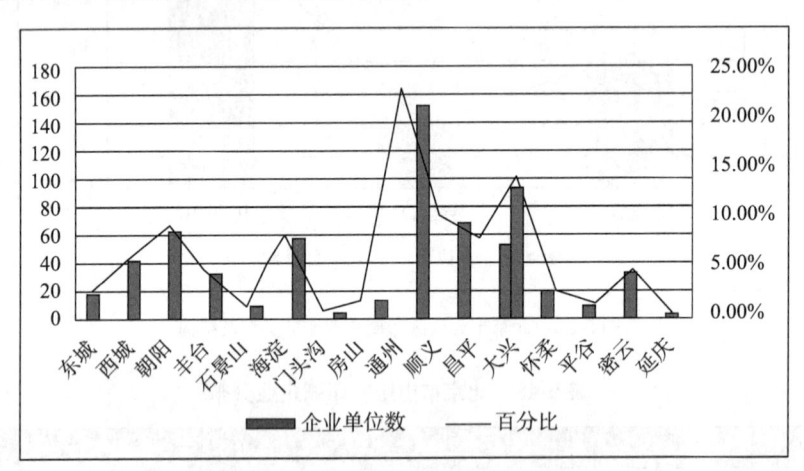

图5-39 出版物印刷业务区域分布

表5-50 包装装潢印刷企业分布

市辖区	企业单位数	百分比
东城	3	1.35%
西城	4	1.80%
朝阳	19	8.56%
丰台	10	4.50%
石景山	0	0.00%

续表

市辖区	企业单位数	百分比
海淀	6	2.70%
门头沟	1	0.45%
房山	12	5.41%
通州	21	9.46%
顺义	32	14.41%
昌平	19	8.56%
大兴	46	20.72%
怀柔	28	12.61%
平谷	11	4.95%
密云	8	3.60%
延庆	2	0.90%
合计	222	100.00%

资料来源：根据北京市新闻出版广电局网站资料计算整理

北京市有包装装潢印刷企业222家，其中大兴区46人，占20.72%；顺义区32家，占14.41%；怀柔区28家，占12.61%。

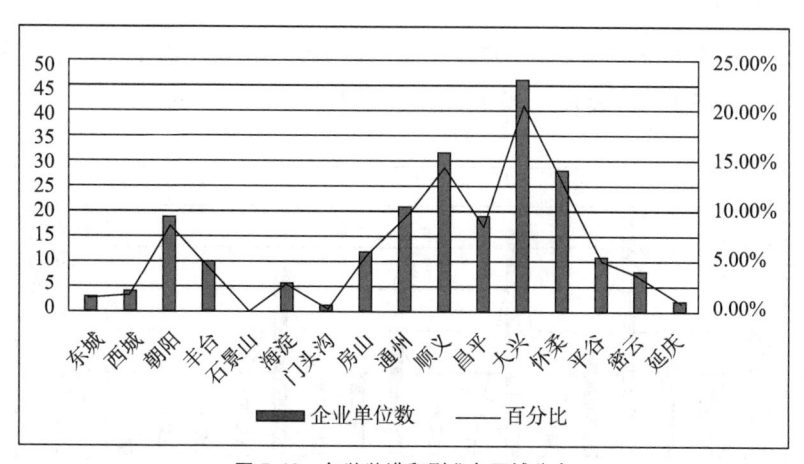

图5-40 包装装潢印刷业务区域分布

表5-51 其他印刷企业分布

市辖区	企业单位数	百分比
东城	34	4.88%
西城	58	8.32%

续表

市辖区	企业单位数	百分比
朝阳	105	15.06%
丰台	62	8.90%
石景山	11	1.58%
海淀	109	15.64%
门头沟	5	0.72%
房山	26	3.73%
通州	57	8.18%
顺义	38	5.45%
昌平	38	5.45%
大兴	90	12.91%
怀柔	29	4.16%
平谷	11	1.58%
密云	16	2.30%
延庆	8	1.15%
合计	697	100.00%

资料来源：根据北京市新闻出版广电局网站资料计算整理

北京市有其他印刷企业697家，其中海淀区109家，占15.64%；朝阳区105家，占15.06%；大兴区90家，占12.91%。

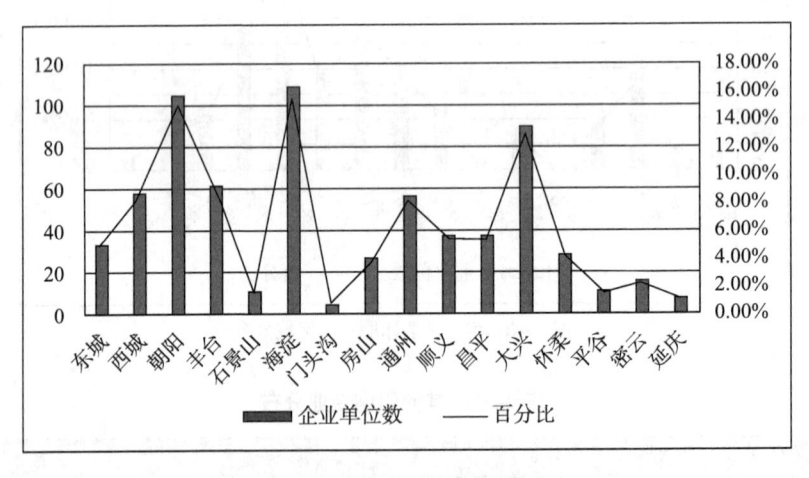

图5-41 其他印刷业务区域分布

表 5-52　数码印刷企业分布

市辖区	企业单位数	百分比
东城	8	10.39%
西城	14	18.18%
朝阳	31	40.26%
丰台	4	5.19%
海淀	9	11.69%
通州	1	1.30%
昌平	5	6.49%
大兴	4	5.19%
怀柔	1	1.30%
合计	77	100.00%

资料来源：根据北京市新闻出版广电局网站资料计算整理

北京市数码印刷企业 77 家，其中朝阳 31 家，占 40.26%；西城 14 家，占 18.18%；海淀区 9 家，占 11.69%。

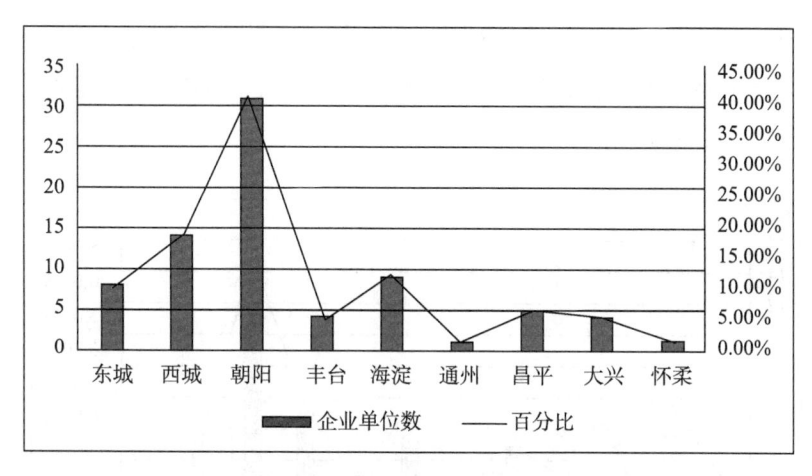

图 5-42　数码印刷业务区域分布

表 5-53　安全印刷企业分布

市辖区	企业单位数	百分比
东城	1	2.33%
西城	5	11.63%

续表

市辖区	企业单位数	百分比
丰台	3	6.98%
石景山	1	2.33%
海淀	3	6.98%
房山	1	2.33%
通州	5	11.63%
顺义	1	2.33%
昌平	5	11.63%
大兴	14	32.56%
怀柔	3	6.98%
密云	1	2.33%
合计	43	100.00%

资料来源：根据北京市新闻出版广电局网站资料计算整理

北京市安全印刷企业43家，其中大兴区14家，占32.56%；西城区、通州区和昌平区各有5家。

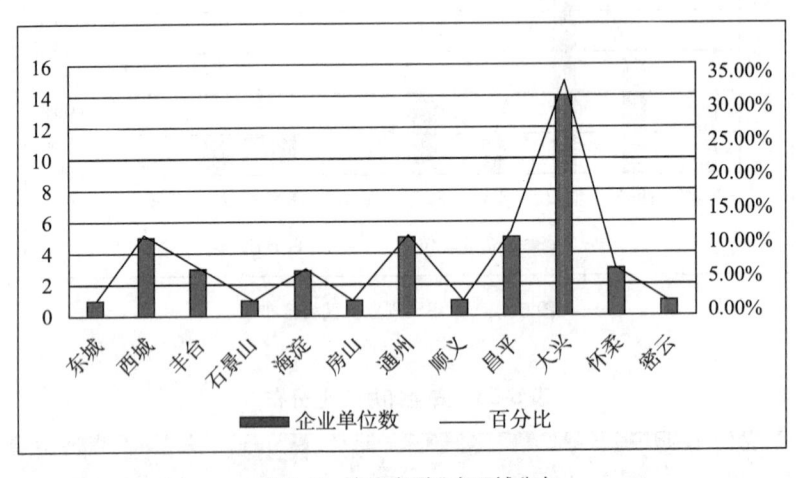

图 5-43 安全印刷业务区域分布

（七）北京市印刷业发展定位

1. 北京市印刷业主要指标

表 5-54　2016 年北京市制造业主要指标

	工业增加值（万元）	平均用工人数（人）	利润总额（万元）	应缴税金（万元）	能源消费总量（万吨标准煤）
合计	36287589	995369	16223478	11476829	1737.47
农副食品加工业	503928	31322	221171	225816	23.03
食品制造业	435229	46569	348439	412337	29.43
酒饮料和精制茶制造业	520998	25007	60035	205478	25.35
纺织业	22791	3280	9134	10129	3.61
纺织服装、服饰业	460942	35051	71813	87601	11.66
皮革、毛皮、羽毛及其制品和制鞋业	18575	1592	6096	6386	1.17
木材加工和木、竹、藤、棕、草制品业	23800	1766	6932	8761	2.44
家具制造业	179995	13011	45542	40425	7.47
造纸和纸制品业	194590	5147	60634	52533	14.02
印刷和记录媒介复制业	468085	21288	92747	103749	22.58
文教、工美、体育和娱乐用品制造业	25903	5736	9576	16338	3.73
石油加工、炼焦和核燃料加工业	1575454	9936	204777	1060922	414.30
化学原料和化学制品制造业	718720	30583	101369	215536	89.98
医药制造业	3361704	74795	1534829	927949	35.61
橡胶和塑料制品业	205805	14782	21277	44331	22.21
非金属矿物制品业	831298	44024	135836	199783	128.68
黑色金属冶炼和压延加工业	47349	4531	-19807	18448	21.19
有色金属冶炼和压延加工业	140050	5209	28102	14950	5.44
金属制品业	687433	32549	234328	135864	29.69
通用设备制造业	1224225	51505	679437	300617	28.30
专用设备制造业	1297891	61641	810695	360607	21.69
汽车制造业	9494661	151712	3801345	3557736	115.98
铁路、船舶、航空航天和其他运输设备	1360543	37418	348013	214475	15.99

续表

	工业增加值（万元）	平均用工人数（人）	利润总额（万元）	应缴税金（万元）	能源消费总量（万吨标准煤）
电气机械和器材制造业	1184713	46903	355851	413819	21.20
计算机、通信和其他电子设备制造业	1852496	106931	886452	525683	82.89
仪器仪表制造业	755098	30475	373719	217870	7.96
其他制造业	199499	6547	76618	36383	6.79
废弃资源综合利用业	16297	836	507	3487	1.40
金属制品、机械和设备修理业	343045	13803	213640	58336	4.30
电力、热力生产和供应业	7283035	57476	4905949	1798731	388.49
燃气生产和供应业	518372	12025	388122	122709	104.62
水的生产和供应业	335065	11919	210300	79140	46.27

资料来源：北京市统计年鉴2017

2016年，在31个制造业部门中，工业增加值排在前三位的是汽车制造业，电力、热力生产和供应业以及医药制造业，印刷业排在第16位，正好处于中间的位置，在轻工类产业中仅次于酒饮料和精制茶制造业、农副食品加工业，居于第三位。平均用工人数排在前三位的是汽车制造业、计算机通信和其他电子设备制造以及医药制造业，印刷业排在第17位。印刷业利润总额排在第19位，应缴税金排在第18位，能源消费总量排在第15位。整体来看，印刷业各项指标在制造业中居于中间位置。

表5-55 2016年北京市制造业主要人均指标

	人均工业增加值（万元/人）	人均利润（万元/人）	人均税金（万元/人）	人均利税（万元/人）	万元增加值能源消耗（吨标准煤/万元）
合计	36.46	16.30	11.53	27.83	0.48
农副食品加工业	16.09	20.61	106.78	127.39	0.46
食品制造业	9.35	85.36	31.30	116.65	0.68
酒饮料和精制茶制造业	20.83	3.09	4.54	7.62	0.49
纺织业	6.95	25.06	23.45	48.51	1.58
纺织服装、服饰业	13.15	32.28	10.20	42.48	0.25

续表

	人均工业增加值（万元/人）	人均利润（万元/人）	人均税金（万元/人）	人均利税（万元/人）	万元增加值能源消耗（吨标准煤/万元）
皮革、毛皮、羽毛及其制品和制鞋业	11.67	3.31	7.05	10.36	0.63
木材加工和木、竹、藤、棕、草制品业	13.48	8.29	4.92	13.21	1.03
家具制造业	13.83	17.64	6.64	24.28	0.42
造纸和纸制品业	37.81	20.52	12.41	32.93	0.72
印刷和记录媒介复制业	21.99	7.20	4.17	11.37	0.48
文教、工美、体育和娱乐用品制造业	4.52	7.48	8.85	16.34	1.44
石油加工、炼焦和核燃料加工业	158.56	13.19	5.84	19.03	2.63
化学原料和化学制品制造业	23.50	2.40	8.22	10.62	1.25
医药制造业	44.95	7.06	7.21	14.27	0.11
橡胶和塑料制品业	13.92	4.36	4.87	9.23	1.08
非金属矿物制品业	18.88	1.44	3.00	4.44	1.55
黑色金属冶炼和压延加工业	10.45	13.15	5.85	19.00	4.48
有色金属冶炼和压延加工业	26.89	7.59	8.82	16.41	0.39
金属制品业	21.12	-4.37	4.07	-0.30	0.43
通用设备制造业	23.77	9.30	5.73	15.03	0.23
专用设备制造业	21.06	11.78	10.21	21.99	0.17
汽车制造业	62.58	2.05	2.50	4.55	0.12
铁路、船舶、航空航天和其他运输设备	36.36	12.26	7.15	19.41	0.12
电气机械和器材制造业	25.26	3.50	3.11	6.61	0.18
计算机、通信和其他电子设备制造业	17.32	11.70	5.56	17.26	0.45
仪器仪表制造业	24.78	5.39	2.87	8.26	0.11
其他制造业	30.47	15.48	4.22	19.70	0.34
废弃资源综合利用业	19.49	1.67	2.85	4.52	0.86

续表

	人均工业增加值（万元/人）	人均利润（万元/人）	人均税金（万元/人）	人均利税（万元/人）	万元增加值能源消耗（吨标准煤/万元）
金属制品、机械和设备修理业	24.85	2.78	3.09	5.87	0.13
电力、热力生产和供应业	126.71	3.93	4.96	8.89	0.53
燃气生产和供应业	43.11	0.61	4.17	4.78	2.02
水的生产和供应业	28.11	3.83	4.01	7.84	1.38

资料来源：北京市统计年鉴2017

从人均指标来看，人均工业增加值最高的是石油加工、炼焦和核燃料加工业，达到158.56万元，其次是电力、热力生产和供应业，第三位是汽车制造业。印刷业的人均工业增加值是21.99万元，排第16位，正好居于中间位置，印刷业高于食品、饮料、纺织等其他轻工业的人均水平。按人均利润排序，排在前三位的是食品制造业，纺织服装、服饰业和纺织业，印刷业排在第17位。按人均税金排序，排在前三位的是农副食品加工业、食品制造业和纺织业，印刷业排在第23位。按人均利税排序，排在前三位的是农副食品加工业、食品制造业和纺织业，印刷业排在第18位。从万元增加值能源消耗指标来看，工业平均水平是0.48吨标准煤。消耗水平排在前三位的是黑色金属冶炼和压延加工业，石油加工、炼焦和核燃料加工业，燃气生产和供应业。印刷业位于第17位，正好等于工业的平均能源消耗水平，纺织业、造纸和纸制品业、文教、工美、体育和娱乐用品制造业，食品制造业等都高于印刷业的能源消耗水平。

综合来看，印刷业在北京市制造业中的总量和人均指标大体上处于中间位置，印刷业在北京产业格局中的地位和发展定位要从服务首都核心功能和产业链的角度进行思考，如何更好地满足北京城市功能定位要求，对印刷业进行产业转型升级并结合京津冀协同发展进行优化布局。

2. 北京市印刷业发展与北京城市功能定位

依据《京津冀协同发展规划纲要》，北京市的功能定位是全国政治中心、文化中心、国际交往中心、科技创新中心。北京作为政治中心，是党和中央国家机关的所在地，党和中央国家机关正常运作和发挥作用，对印刷有着巨大而重要的需求，需要高水平的印刷服务，既要保密，又要保证印刷服务的质量和效率，可以说承担了大量的政治性印刷任务，因此，北京必须保留一定数量的高端印刷企业，既包括出版物印刷企业，也包括新型数码印刷和商业印刷，还包括特种的安全印刷等。作为文化中心，北京文化创意产业是北京市重点发展的支柱性产业。2017年，北京市文化创意产业总资产42390.6亿元，收入合计20806.7亿元，从业人员数206万人。文化创意产业包括文化艺术服务、新闻出版及发行服务、广播电视电影服务、软件和信息技术服务、广告和会展服务、艺术品生产与销售服务、设计服务、文化休闲娱乐服务、文化用品设备生产销售及其他辅助服务等。北京文化创意产业发展，为各类印刷企业发展提供了市场机会，如新闻出版业的发展，推动了出版物印刷的发展，广告和会展服务，则为装潢印刷、喷墨印刷以及相关的商业印刷和数码印刷提供了市场需求，其他的文化创意产业门类，也与各种印刷服务联系密切。针对文化中心功能，北京需要高端出版物印刷以及具有个性化的高端商业印刷和数码印刷服务。作为国际交往中心，北京经常举办各种政治、文化等交流活动，为各种国际交往活动做好服务，也需要印刷业提供支撑。另外，在服务科技创新中心功能定位中，印刷业也可以找到自己的发展机会。

很显然，印刷业是一个为各行各业服务的行业，又是一个现代都市型产业，不是简单的制造业，而是现代服务产业，城市和社会越发展，对高端印刷业务的需求越多，现代信息技术的发展，不是简单地替代印刷业，而是促进印刷业朝着高端化、特色化、个性化、绿色化的方向发展。把印刷业简单地等同于散、乱、污的低端传统产业予以取消是不现实的，也是不符合社会和产业自身发展规律的，对城市中的印刷业，不是关停与取缔，而是改造与升级，是用高水平的印刷服务促进城市和地区更好地发展。

北京的城市功能定位没有提经济中心，但是并不意味着北京可以不发展经济，不承担经济职能，北京作为国际性大都市，人口众多，资源聚集，经济发展富有活力，经济体量大，经济结构高端化，北京的重点是发展高精尖的经济结构。北京要从中国制造向中国智造和中国创造转变，要提升北京产品和品牌的影响力，印刷企业在服务产品和品牌建设方面也能发挥积极作用。

3. 京津冀协同发展背景下北京市印刷业发展定位

为了更好地落实首都功能定位，疏解非首都功能，根据《京津冀协同发展规划纲要》要求，北京市2014年出台《北京市新增产业的禁止和限制目录》（以下简称《目录》），明确了本市新增产业和功能的底线，对非首都功能增量进行清单式严格管理。2014年2月26日，习近平总书记视察北京并发表重要讲话，明确了北京全国政治中心、文化中心、国际交往中心、科技创新中心的城市战略定位和建设国际一流的和谐宜居之都战略目标，并明确指出北京不宜发展的产业要明晰化。为贯彻落实习总书记"2·26"讲话精神，北京市主动作为，由市发展改革委、市经济信息化委等部门联合研究制定了《目录》（京政办发〔2014〕43号），明确了新增产业和功能的底线，对非首都功能增量进行严格禁限，标志着北京城市发展将告别聚集资源求增长的路径依赖，走出一条疏解功能谋发展的新路。

《目录》按照《国民经济行业分类》（2011年版）编制，从全市、四类功能区（首都功能核心区、城市功能拓展区、城市发展新区、生态涵养发展区）两个层面对非首都功能增量进行严格的禁止和限制准入，对部分行业做出了区域限制、规模限制和产业环节、工艺及产品限制。

2015年，根据《京津冀协同发展规划纲要》及本市贯彻意见的精神和要求，围绕有序疏解北京非首都功能，加快构建高精尖经济结构，市发展改革委、市经济信息化委、市工商局等部门在充分总结《目录》（2014年版）实施经验、在吸纳各方面意见的基础上，以更高的要求、更严的标准，联合对《目录》（2014年版）进行了修订，使之更加符合首都城市的战略定位、有序疏解非首都功能、提高生活性服务业品质、建设国际一流和谐宜居之都的要求。修订后的《目录》（京政办发〔2015〕42号）于2015年8月正式向社会发布。

《目录》（2015年版）有以下几个主要特点：一是从严从紧，对非首都功能增量实施严格管理。加大对新增产业精细化调控，对一般性制造业和高端制造业中比较优势不突出的生产加工环节加大禁限力度，对区域性批发市场、物流基地、部分公共服务功能、部分行政性事业性服务机构实行禁限。二是聚焦城六区，首次将城六区作为一个区域实施统一禁限。城六区是"大城市病"最为集中的区域，功能过多的问题突出，为严控增量资源在城六区聚焦，重点对城六区制造业、教育、卫生、社会团体等领域加大了禁限力度。三是突出生态环保，对高耗能、高耗水、影响城市环境等行业加大禁限。从增量入手，积极引导新增功能和产业的发展更加绿色、节能、低碳，更加有助于改善生态环境。

北京产业禁限目录2014涉及印刷业的内容是："全市范围内禁止新建和

扩建：印刷和记录媒介复制业'2319 包装装潢'和其他印刷中使用溶剂型油墨或溶剂型涂料的印刷生产环节"，可见，2014 年对印刷业禁止新建和扩建的是包装装潢和其他印刷中有可能带来较大环境污染的使用溶剂型油墨或溶剂型涂料的印刷生产环节。北京产业禁限目录 2015 涉及印刷业的内容是："全市范围内禁止新建和扩建，图书报刊印刷除外、本册印制除外、包装装潢及其他印刷中涉及金融、安全、运行保障等领域，且使用非溶剂型油墨和非溶剂型涂料的印刷生产环节除外，装订及印刷服务除外，记录媒介复印除外"。2015 年的目录重点限制的是包装装潢印刷和其他印刷中的一般印刷，对出版物印刷等其他印刷环节则没有禁限。《北京市工业污染行业生产工艺调整退出及设备淘汰目录 (2017 年版)》则明确以下印刷工艺为调整退出的工艺。

（1）使用有机溶剂型油墨的塑料印刷工艺 (醇类油墨除外)(2017 年)；

（2）使用有机溶剂型油墨的丝网印刷工艺；

（3）传统晒版工艺；

（4）使用有机溶剂型上光油的上光工艺；

（5）使用有机溶剂型胶黏剂的包装、装订工艺；

（6）使用醇类添加量 >5% 润版液或未对润版液废液进行回收处理的印刷工艺；

（7）使用煤油或汽油作为清洗剂的印刷工艺；

（8）铅排、铅印工艺；

（9）使用柔性版油墨的凹版印刷工艺。

可见，北京市针对印刷业的产业政策，重点是限制或禁止继续使用对空气污染影响较大的印刷工艺，促进绿色印刷发展，通过提高环保标准和环境检查解决印刷业的污染排放问题。

北京市印刷业发展目标，要紧密结合北京市城市功能定位，服务四个中心定位和高精尖经济结构，坚持有所为有所不为，贯彻五大发展理念，走绿色化、数字化、智能化、网络化发展道路。第一，重点发展高端出版物印刷，成为国内国际领先的出版物印刷中心；第二，加大发展高端专业化、网络化数码印刷（商业印刷），成为国内国际领先的数码印刷示范中心；第三，积极发展高端包装装潢印刷中的创意设计、产品与技术研发、品牌宣传推广等服务环节，成为国内国际领先的包装装潢印刷创意设计和研发中心；第四，适度发展安全印刷，成为国内国际领先的、服务国家战略安全需要的安全印刷中心。

第六章 河北省印刷企业发展状况分析

（一）河北省规模以上印刷企业发展情况

1. 河北省规模以上工业企业指标分析

表 6-1 河北省规模以上工业企业主要经济指标　　　　单位：亿元

指　标	2012 年	2013 年	2014 年	2015 年	2016 年
企业单位数 / 个	12360	13968	14792	15295	14764
资产总计	33567.2	37597.12	42555.67	42717.82	44562.88
流动资产合计	13723.3	15343.67	16379.21	16589.33	17327.05
负债合计	19140.6	21293.04	22988.09	24142.26	24585.44
所有者权益	13508.9	15394.51	18196.23	18575.56	19977.44
主营业务收入	43643.8	46340.92	47207.76	45648.1	47318.60
主营业务成本	37797	40223.28	40935.69	39832.04	41042.99
主营业务税金及附加	413.2	430.67	467.52	503.23	449.53
利润总额	2559.5	2734.7	2610.9	2360.99	2815.11
本年应缴增值税	1165.9	1169.76	1160.87	1120.52	1182.97

资料来源：河北省统计年鉴 2013—2017

截止到 2016 年年底，河北省规模以上工业企业 14764 家，资产总计

44562.88 亿元，负债合计 24585.44 亿元，所有者权益 19977.44 亿元。2016 年实现主营业务收入实现 47318.60 亿元，利润总额为 2815.11 亿元。

表 6-2　河北省规模以上工业企业主要经济指标增长率　　　　单位：%

指　标	2013 年	2014 年	2015 年	2016 年
企业单位数增长率	13.01	5.90	3.40	-3.47
资产总计增长率	12.01	13.19	0.38	4.32
流动资产合计增长率	11.81	6.75	1.28	4.45
负债合计增长率	11.25	7.96	5.02	1.84
所有者权益增长率	13.96	18.20	2.08	7.55
主营业务收入增长率	6.18	1.87	-3.30	3.66
主营业务成本增长率	6.42	1.77	-2.70	3.04
主营业务税金及附加增长率	4.23	8.56	7.64	-10.67
利润总额增长率	6.85	-4.53	-9.57	19.23
本年应缴增值税增长率	0.33	-0.76	-3.48	5.57

资料来源：根据表 6-1 数据计算

2013 年规模以上工业企业主要经济指标都有一定程度的增长，其中企业单位数增长了 13.01%，资产增长 12.01%，负债增长 11.25%，所有者权益增长 13.96%，主营业务收入增长 6.18%，利润总额增长 6.85%。2014 年，除了利润总额和应缴纳增值税有所下降，其他各项指标均保持一定的增长。2015 年，主营业务收入增长率、利润总额增长率均为负数。2016 年，规模以上工业企业单位数下降，主营业务税金及附加增长率为负数，其他指标增长率均为正数。

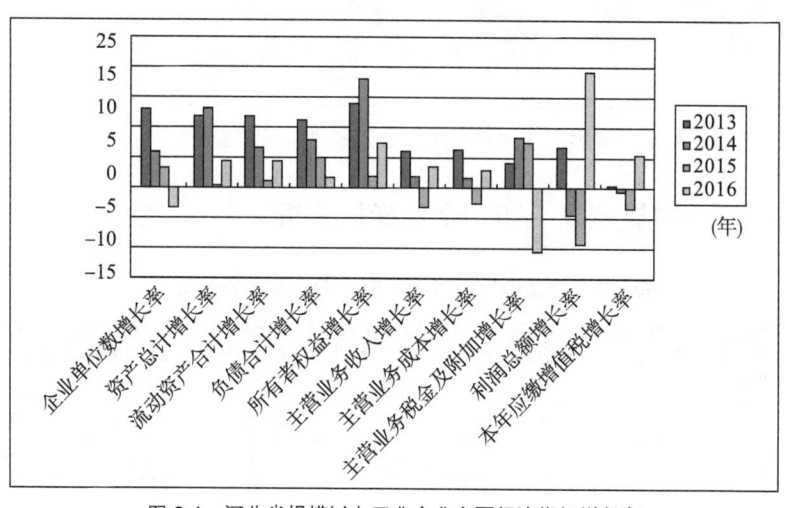

图 6-1　河北省规模以上工业企业主要经济指标增长率

表 6-3　河北省规模以上工业企业主要效益指标

年　度	总资产贡献率 /%	资产负债率 /%	流动资产周转次数 / 次	工业成本费用利润率 /%	产品销售率 /%
2012	13.83	59.40	3.27	6.19	97.79
2013	13.00	58.53	3.12	6.20	97.66
2014	11.33	56.80	2.98	5.77	97.92
2015	10.39	56.16	2.84	5.38	97.85
2016	11.06	54.87	2.81	6.25	97.60

资料来源：河北省统计年鉴 2013—2017

2012—2015 年，河北省规模以上工业企业总资产贡献率、资产负债率、流动资产周转次数、工业成本费用利润率不断下降，规模以上工业企业经济效益有所下滑，2016 年总资产贡献率、工业成本费用利润率有所回升，产品销售率比较稳定，保持在 97% 以上。

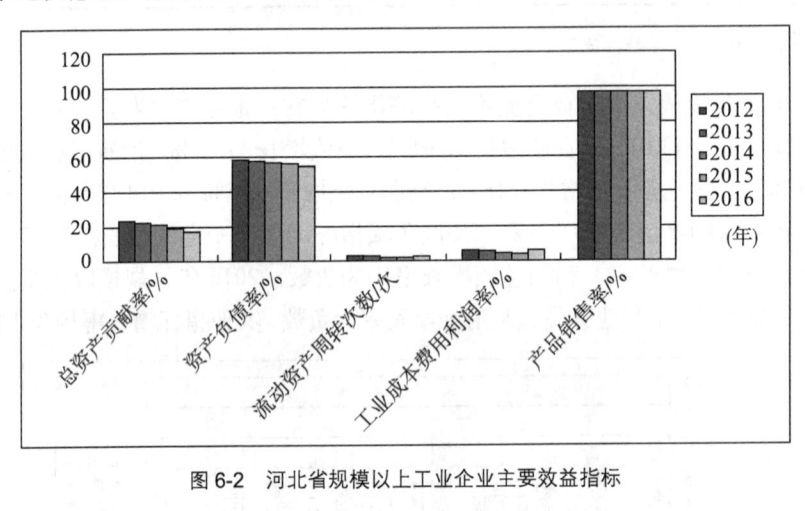

图 6-2　河北省规模以上工业企业主要效益指标

2. 河北省规模以上印刷企业指标分析

表 6-4　河北省规模以上印刷企业主要经济指标　　　　　　单位：亿元

指　标	2012 年	2013 年	2014 年	2015 年	2016 年
企业单位数 / 个	120	170	186	198	219
资产总计	119.60	160.47	181.75	195.12	238.90
流动资产合计	44.50	69.12	74.34	81.56	92.80

第六章 河北省印刷企业发展状况分析

续表

指　标	2012年	2013年	2014年	2015年	2016年
负债合计	45.90	56.02	59.97	81.54	100.70
所有者权益	69.70	91.26	102.41	113.58	138.20
主营业务收入	203.20	279.34	315.41	319.36	357.46
主营业务成本	169.70	238.68	273.59	278.58	313.77
主营业务税金及附加	0.90	1.16	1.35	1.37	1.47
利润总额	20.00	26.16	26.54	25.87	25.12
本年应缴增值税	6.30	8.05	10.45	10.58	11.80

资料来源：河北省统计年鉴2013—2017

截止到2016年年底，河北省规模以上印刷企业219家，资产总计238.90亿元，负债合计100.70亿元，所有者权益138.20亿元。2016年实现主营业务收入357.46亿元，利润总额25.12亿元。

表6-5　河北省规模以上印刷企业主要经济指标增长率　　　　单位：%

指　标	2013年	2014年	2015年	2016年
企业单位数增长率	41.67	9.41	6.45	10.61
资产总计增长率	34.17	13.26	7.36	22.44
流动资产合计增长率	55.33	7.56	9.71	13.78
负债合计增长率	22.05	7.06	35.97	23.50
所有者权益增长率	30.93	12.21	10.91	21.68
主营业务收入增长率	37.47	12.91	1.25	11.93
主营业务成本增长率	40.65	14.63	1.82	12.63
主营业务税金及附加增长率	28.89	16.23	1.25	6.98
利润总额增长率	30.80	1.45	-2.52	-2.90
本年应缴增值税增长率	27.78	29.81	1.25	11.50

资料来源：根据表6-4数据计算

2013—2016年，河北省规模以上印刷企业主要经济指标增长率绝大多数为正数，2015、2016年利润总额增长率为负数。2013年主要经济指标增长率相对较高，2014、2015年大多数指标增长率逐步下降。整体来看，河北省规模以上印刷企业仍有较快的增长。

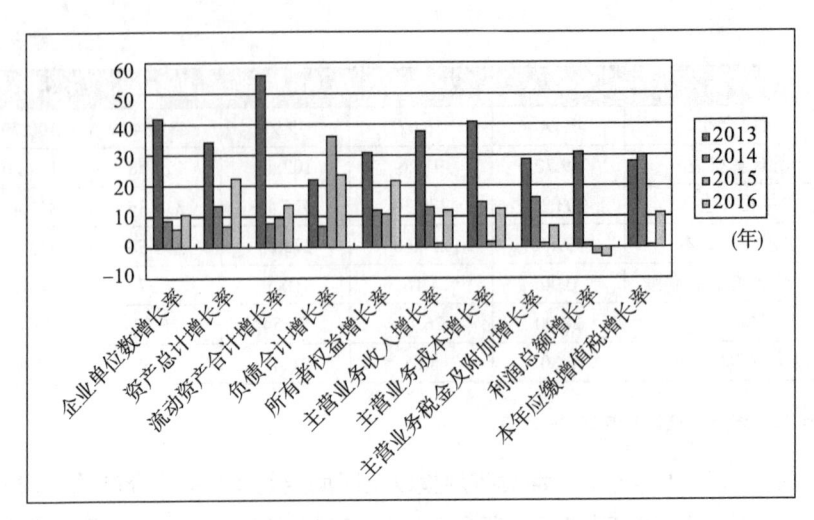

图 6-3　河北省规模以上印刷企业主要经济指标增长率

表 6-6　河北省规模以上印刷企业主要效益指标

年　度	总资产贡献率 /%	资产负债率 /%	流动资产周转次数 / 次	工业成本费用利润率 /%	产品销售率 /%
2012	23.63	41.33	4.61	10.92	99.30
2013	22.75	42.92	4.09	10.24	98.75
2014	21.79	41.16	4.30	9.07	98.78
2015	19.23	41.79	3.95	8.74	99.69
2016	15.92	41.97	3.87	7.56	99.21

资料来源：河北省统计年鉴 2013—2017

2012—2016 年，河北省规模以上印刷企业总资产贡献率逐年下降，资产负债率水平变化不大，流动资产周转次数有所下降，工业成本费用利润率逐年下降，产品销售率保持在 98% 以上。

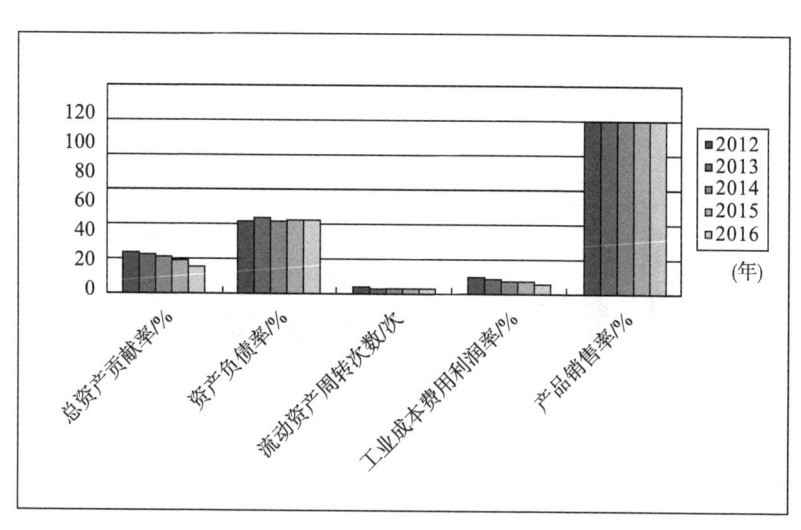

图 6-4　河北省规模以上印刷企业主要效益指标

3. 河北省规模以上企业指标比较分析

表 6-7　河北省规模以上印刷企业主要经济指标占比　　　　单位：%

指　　标	2012 年	2013 年	2014 年	2015 年	2016 年
企业单位数百分比	0.97	1.22	1.26	1.29	1.48
资产总计百分比	0.36	0.43	0.43	0.46	0.54
流动资产合计百分比	0.32	0.45	0.45	0.49	0.54
负债合计百分比	0.24	0.26	0.26	0.34	0.41
所有者权益百分比	0.52	0.59	0.56	0.61	0.69
主营业务收入百分比	0.47	0.60	0.67	0.70	0.76
主营业务成本百分比	0.45	0.59	0.67	0.70	0.76
主营业务税金及附加百分比	0.22	0.27	0.29	0.27	0.33
利润总额百分比	0.78	0.96	1.02	1.10	0.89
本年应缴增值税百分比	0.54	0.69	0.90	0.94	1.00

资料来源：根据表 6-1 和表 6-4 数据计算

2012—2016 年，河北省规模以上印刷企业主要经济指标占工业企业主要经济指标的比重整体上有所上升，规模以上印刷企业在规模以上工业企业中的地位有了一定的提升。

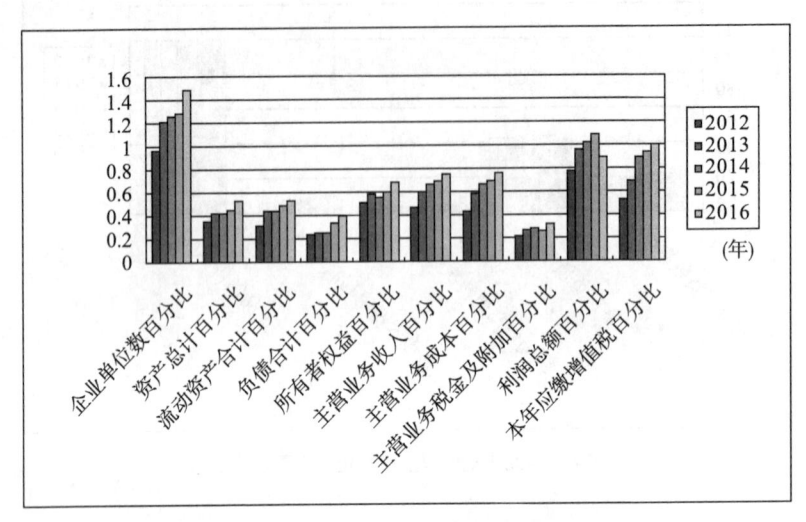

图 6-5 河北省规模以上印刷企业主要经济指标占比

表 6-8 河北省规模以上企业主要经济指标增长率之差 单位：%

指　　标	2013 年	2014 年	2015 年	2016 年
企业单位数增长率之差	28.66	3.51	3.05	14.08
资产总计增长率之差	22.17	0.07	6.98	18.12
流动资产合计增长率之差	43.52	0.80	8.43	9.33
负债合计增长率之差	10.80	-0.91	30.95	21.66
所有者权益增长率之差	16.97	-5.98	8.82	14.13
主营业务收入增长率之差	31.29	11.04	4.56	8.27
主营业务成本增长率之差	34.23	12.86	4.52	9.59
主营业务税金及附加增长率之差	24.66	7.82	-6.39	14.08
利润总额增长率之差	23.95	5.98	7.05	18.12
本年应缴增值税增长率之差	27.45	30.57	4.73	9.33

资料来源：根据表 6-2 和表 6-5 数据计算

河北省规模以上印刷企业增长率与规模以上工业企业增长率之差在 2013

年均为正数，说明印刷企业比工业企业增长的速度要快。而到了 2014 年，负债、所有者权益增长率之差为负数，说明这两项的增长慢于工业企业。2015 年，规模以上印刷企业主营业务税金及附加增长率低于工业企业，其他指标增长率高于工业企业。2016 年，河北省规模以上印刷企业主要经济指标增长率均高于规模以上工业企业主要经济指标增长率。

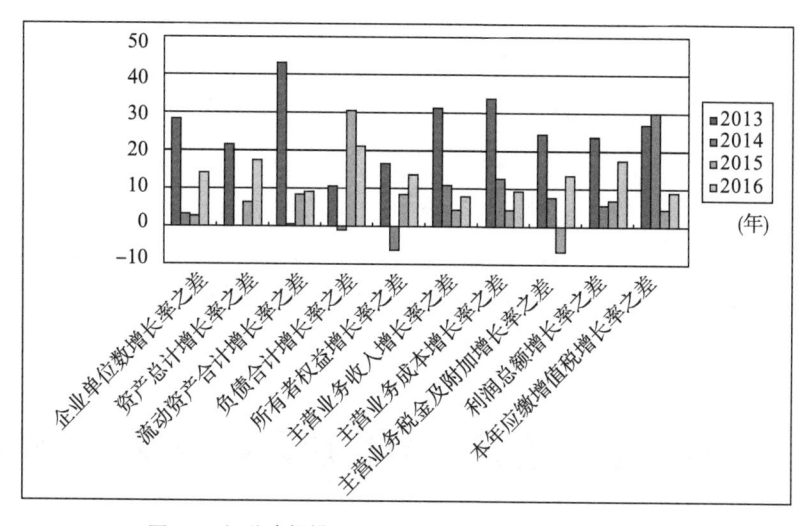

图 6-6　河北省规模以上企业主要经济指标增长率之差

2012—2016 年，河北省规模以上印刷企业资产贡献率高于工业企业资产贡献率，资产负债率低于工业企业资产负债率，其他指标也高于工业企业的整体水平。

表 6-9　河北省规模以上企业主要效益指标之差

年　度	资产贡献率之差 /%	资产负债率之差 /%	流动资产周转次数之差 / 次	工业成本费用利润率之差 /%	产品销售率之差 /%
2012	9.8	-18.07	1.34	4.73	1.51
2013	9.75	-15.61	0.97	4.04	1.09
2014	10.46	-15.64	1.32	3.3	0.86
2015	8.84	-51.37	1.11	3.36	1.84
2016	4.86	-12.9	1.06	1.31	1.61

资料来源：根据表 6-3 和表 6-6 数据计算

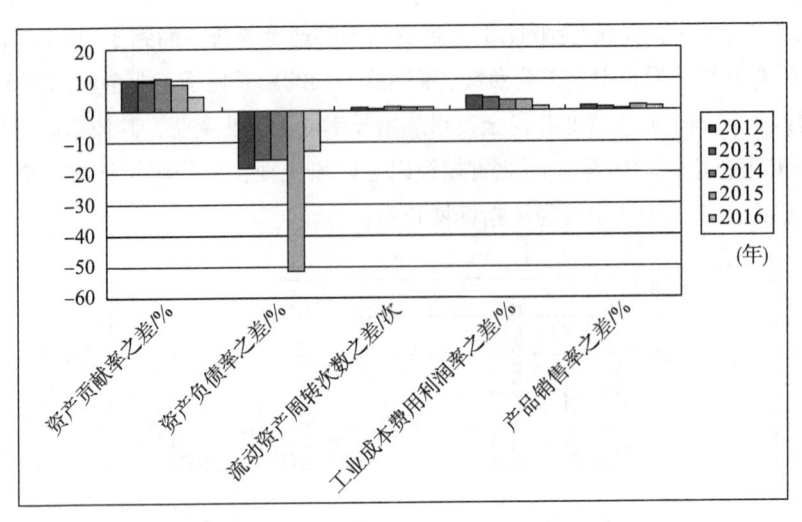

图 6-7 河北省规模以上企业主要效益指标之差

（二）河北省国有及国有控股印刷企业发展情况

1. 河北省国有及国有控股工业企业指标分析

表 6-10 河北省国有及国有控股工业企业主要经济指标　　单位：亿元

指　标	2012年	2013年	2014年	2015年	2016年
企业单位数/个	709	764	794	818	714
资产总计	14638.22	15708.16	16507.43	16484.92	17303.45
流动资产合计	4831.72	5146.01	5238.53	5074.54	5407.94
负债合计	9287.89	10100.44	10714.22	10788.01	11303.71
所有者权益	5173.78	5476.60	5657.22	5696.91	5999.74
主营业务收入	11919.52	11306.71	10989.90	9553.9	9179.34
主营业务成本	10494.47	9899.21	9548.70	8271.51	7735.78
主营业务税金及附加	251.84	248.73	275.53	239.53	229.48
利润总额	340.83	311.34	216.38	158.73	284.12
本年应缴增值税	410.78	376.33	357.22	310.54	293.74

资料来源：河北省统计年鉴 2013—2017

截止到 2016 年年底，河北省国有及国有控股工业企业 714 家，资产总计

17303.45亿元，负债合计11303.71亿元，所有者权益5999.74亿元。2016年实现主营业务收入9179.34亿元，利润总额实现284.12亿元。

表6-11　河北省国有及国有控股工业企业主要经济指标增长率　　　单位：%

指　标	2013年	2014年	2015年	2016年
企业单位数增长率	7.76	3.93	3.02	-12.71
资产总计增长率	7.31	5.09	-0.14	4.97
流动资产合计增长率	6.50	1.80	-3.13	6.57
负债合计增长率	8.75	6.08	0.69	4.78
所有者权益增长率	5.85	3.30	0.70	5.32
主营业务收入增长率	-5.14	-2.80	-13.07	-3.92
主营业务成本增长率	-5.67	-3.54	-13.38	-6.48
主营业务税金及附加增长率	-1.23	10.77	-13.07	-4.19
利润总额增长率	-8.65	-30.50	-26.64	79.00
本年应缴增值税增长率	-8.39	-5.08	-13.07	-5.41

资料来源：根据表6-10数据计算

2013年，河北省国有及国有控股企业单位数、资产、负债、所有者权益增长率为正数，而主营业务收入、成本、税金及附加、利润总额等指标增长率为负数。2014年，企业单位数、资产、负债、所有者权益等也在增长，但是增长幅度都小于2013年。2015年，总资产、主营业务收入、主营业务成本、利润总额等指标增长率均为负数。2016年，企业单位数下降，资产、负债、权益等有所增长，主营业务收入下降，而利润有较大的增长。

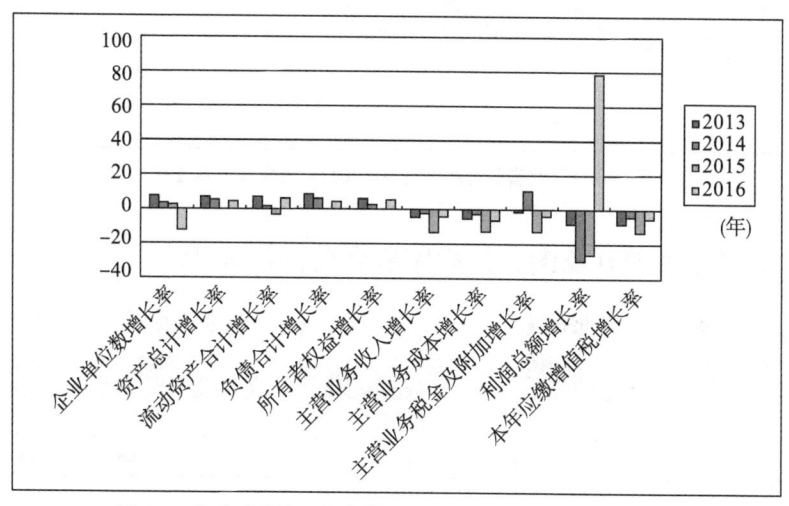

图6-8　河北省国有及国有控股工业企业主要经济指标增长率

表 6-12　河北省国有及国有控股工业企业主要效益指标

年　度	总资产贡献率 /%	资产负债率 /%	流动资产周转次数 / 次	工业成本费用利润率 /%	产品销售率 /%
2012	8.51	64.60	2.62	2.82	98.75
2013	7.68	65.08	2.36	2.69	97.14
2014	6.77	65.67	2.25	1.92	98.34
2015	6.40	65.39	2.04	1.61	98.46
2016	6.97	65.24	1.80	3.10	97.72

资料来源：河北省统计年鉴 2013—2017

2012—2015 年，河北省国有及国有控股工业企业总资产贡献率、流动资产周转次数、工业成本费用利润率逐年下降，资产负债率基本稳定，但处于比较高的水平，产品销售率变化不大，在 98% 上下。2016 年，总资产贡献率、工业成本费用利润率有所提高。

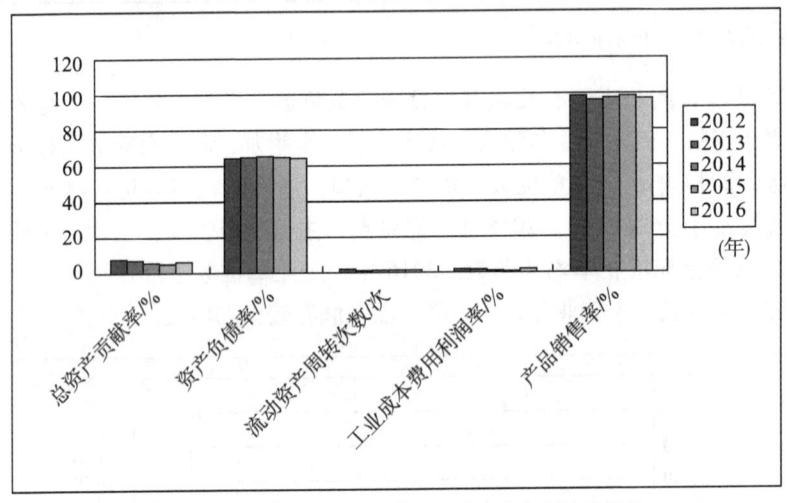

图 6-9　河北省国有及国有控股工业企业主要效益指标

2. 河北省国有及国有控股印刷企业指标分析

表 6-13　河北省国有及国有控股印刷企业主要经济指标　　　　单位：亿元

指标	2012 年	2013 年	2014 年	2015 年	2016 年
企业单位数 / 个	12	12	11	10	10
资产总计	33.43	41.88	41.18	48.68	44.20

续表

指　标	2012 年	2013 年	2014 年	2015 年	2016 年
流动资产合计	12.34	19.75	19.14	27.17	22.21
负债合计	8.90	10.34	9.55	23.32	11.24
所有者权益	24.53	31.55	31.58	25.36	32.96
主营业务收入	24.64	26.81	26.64	36.65	22.18
主营业务成本	16.87	18.34	19.57	21.48	16.63
主营业务税金及附加	0.16	0.21	0.22	0.30	0.18
利润总额	3.70	4.03	3.89	1.24	2.07
本年应缴增值税	1.18	1.77	1.83	2.52	1.51

资料来源：河北省统计年鉴 2013—2017

截止到 2016 年年底，河北省国有及国有控股印刷企业 10 家，资产总计 44.20 亿元，负债合计 11.24 亿元，所有者权益 32.96 亿元。2016 年实现主营业务收入 22.18 亿元，利润总额 2.07 亿元。

表 6-14　河北省国有及国有控股印刷企业主要经济指标增长率　　　单位：%

指　标	2013 年	2014 年	2015 年	2016 年
企业单位数增长率	0.00	-8.33	-9.09	0.00
资产总计增长率	25.28	-1.68	18.21	-9.20
流动资产合计增长率	60.05	-3.10	41.95	-18.26
负债合计增长率	16.18	-7.61	144.19	-51.80
所有者权益增长率	28.62	0.09	-19.70	29.97
主营业务收入增长率	8.81	-0.64	37.58	-39.48
主营业务成本增长率	8.71	6.72	9.76	-22.58
主营业务税金及附加增长率	31.25	5.99	36.36	-40.85
利润总额增长率	8.92	-3.50	-68.12	66.94
本年应缴增值税增长率	50.00	3.13	37.70	-40.15

资料来源：根据表 6-13 数据计算

从增长率来看，各项指标在 2013 年均呈现增长的趋势，其中资产总计增长了 25.28%，负债合计增长了 16.18%，所有者权益增长了 28.62%，主营业务收入增长了 8.81%，利润总额增长了 8.92%。但是 2014 年除了所有者权益、主营业务成本、主营业务税金及附加和本年应缴增值税有小幅度增长，其他指标均出现下降。2015 年，负债有大幅增长，主营业务收入有快速增长，但是利润总额出现大幅下降，出现生产规模扩大而效益下滑的现象。2016年，所有者权益和利润总额增长率为正数，且增长幅度较大，说明在业务规模下降的同时，效益有所提高。

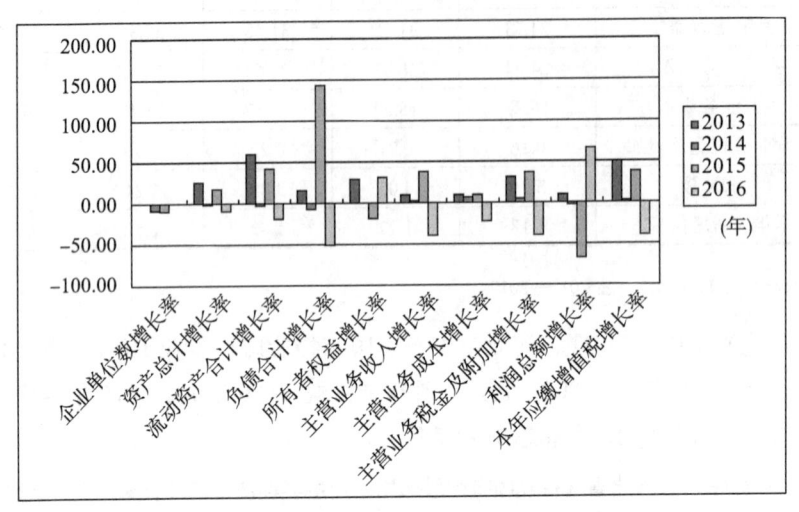

图 6-10 河北省国有及国有控股印刷企业主要经济指标增长率

表 6-15　河北省国有及国有控股印刷企业主要效益指标

年　度	总资产贡献率 /%	资产负债率 /%	流动资产周转次数 / 次	工业成本费用利润率 /%	产品销售率 /%
2012	15.13	26.62	2.06	17.02	98.81
2013	14.44	24.67	1.45	16.25	100.88
2014	14.45	23.31	1.56	14.63	99.97
2015	11.14	26.26	1.26	10.75	106.61
2016	8.92	25.43	1.02	10.05	103.96

资料来源：河北省统计年鉴 2013—2017

2012—2016年，河北省国有及国有控股印刷企业的资产贡献率有所下降，资产负债率水平较低，流动资产周转次数有所下降，工业成本费用利润率逐年下降，产品销售率保持较高的水平。

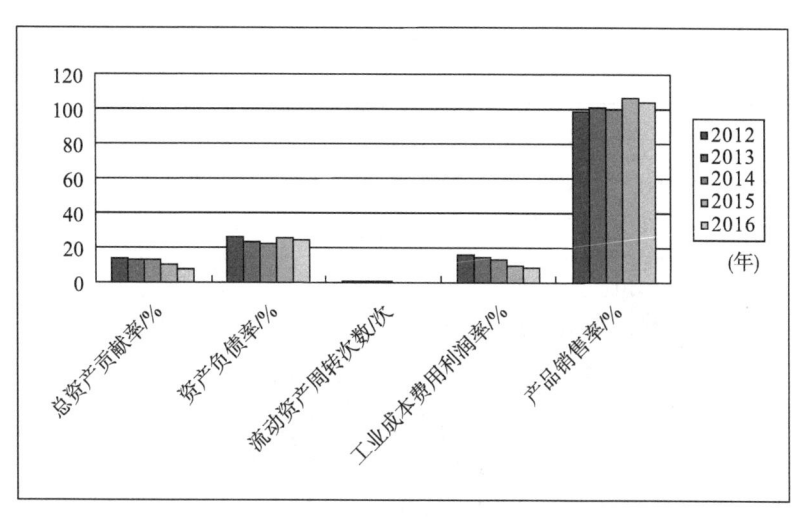

第六章 河北省印刷企业发展状况分析

图 6-11 河北省国有及国有控股印刷企业主要效益指标

3. 河北省国有及国有控股企业指标比较分析

表 6-16 河北省国有及国有控股印刷企业主要经济指标占比　　单位：%

指　标	2012 年	2013 年	2014 年	2015 年	2016 年
企业单位数百分比	1.69	1.57	1.39	1.22	1.40
资产总计百分比	0.23	0.27	0.25	0.30	0.26
流动资产合计百分比	0.26	0.38	0.37	0.54	0.41
负债合计百分比	0.10	0.10	0.09	0.22	0.10
所有者权益百分比	0.47	0.58	0.56	0.45	0.55
主营业务收入百分比	0.21	0.24	0.24	0.38	0.24
主营业务成本百分比	0.16	0.19	0.20	0.26	0.21
主营业务税金及附加百分比	0.06	0.08	0.08	0.13	0.08
利润总额百分比	1.09	1.29	1.80	0.78	0.73
本年应缴增值税百分比	0.29	0.47	0.51	0.81	0.51

资料来源：根据表 6-10 和表 6-13 数据计算

2012—2016 年，河北省国有及国有控股印刷企业资产与收入等指标所占比重有所提高，利润总额所占比重下降。

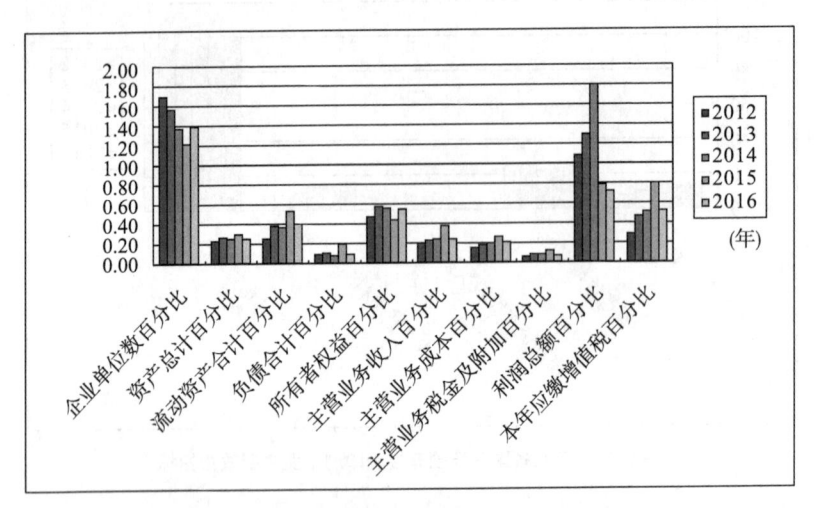

图 6-12 河北省国有及国有控股印刷企业主要经济指标占比

表 6-17 河北省国有及国有控股企业主要经济指标增长率之差　　　　单位：%

指　　标	2013 年	2014 年	2015 年	2016 年
企业单位数增长率之差	-7.76	-12.26	-12.11	12.71
资产总计增长率之差	17.97	-6.76	18.35	-14.17
流动资产合计增长率之差	53.54	-4.89	45.08	-24.83
负债合计增长率之差	7.43	-13.72	143.50	-56.58
所有者权益增长率之差	22.77	-3.20	-20.40	24.65
主营业务收入增长率之差	13.95	2.17	50.64	-35.56
主营业务成本增长率之差	14.39	10.25	23.14	-16.10
主营业务税金及附加增长率之差	32.48	-6.01	49.43	-36.66
利润总额增长率之差	17.57	27.03	-41.48	-12.06
本年应缴增值税增长率之差	58.39	8.47	50.77	-34.74

资料来源：根据表 6-11 和表 6-14 数据计算

2013 年，河北省国有及国有控股印刷企业单位数增长率低于国有及国有控股工业企业单位数增长率。2014年，资产、负债、权益等指标增长率低于国有及国有控股工业企业资产、负债、权益等指标增长率。2015年，国有及国有控股印刷企业利润总额增长率远低于工业企业利润总额增长率。2016年，国有及国有控股印刷企业主要经济指标增长率与工业企业主要指标增长率的差距进一步拉大。

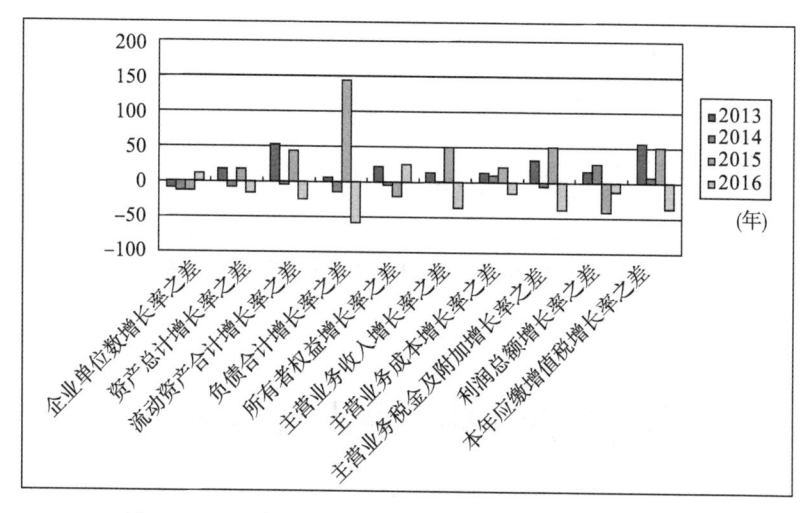

图 6-13 河北省国有及国有控股企业主要经济指标增长率之差

表 6-18 河北省国有及国有控股企业主要效益指标之差

年　度	资产贡献率之差/%	资产负债率之差/%	流动资产周转次数之差/次	工业成本费用利润率之差/%	产品销售率之差/%
2012	6.62	-37.98	-0.56	14.2	0.06
2013	6.76	-40.41	-0.91	13.56	3.74
2014	7.68	-42.36	-0.69	12.71	1.63
2015	4.74	-39.13	-0.78	9.14	8.15
2016	1.95	-39.81	-0.78	6.95	6.24

资料来源：根据表 6-11 和表 6-14 数据计算

2012—2016年，河北省国有及国有控股印刷企业资产贡献率、工业成本费用利润率、产品销售率高于国有及国有工业企业，而资产负债率、流动资产周转次数低于国有及国有控股工业企业。

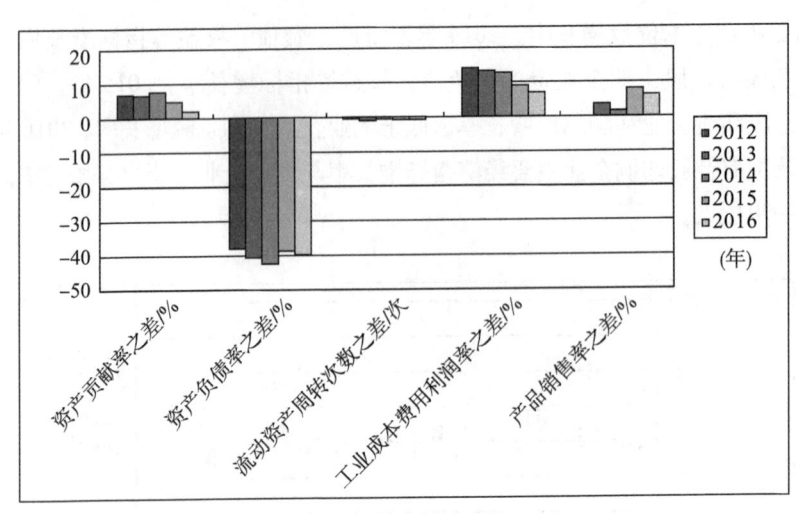

图 6-14　河北省国有及国有控股企业主要效益指标之差

（三）河北省私营印刷企业发展情况

1. 河北省私营工业企业指标分析

表 6-19　河北省私营工业企业主要经济指标　　　　　　　　单位：亿元

指　标	2012 年	2013 年	2014 年	2015 年	2016 年
企业单位数/个	7949	9023	9600	9893	9626
资产总计	8897.32	10850.87	13685.76	13349.70	13851.74
流动资产合计	3810.57	4608.05	4974.76	5199.29	5265.82
负债合计	4266.85	5028.39	5671.27	6260.60	6101.87
所有者权益	4270.28	5339.03	7240.08	7089.10	7749.87
主营业务收入	17907.51	20395.77	21503.6	21608.70	22978.07
主营业务成本	15392.88	17619.51	18712.84	18967.40	20267.74
主营业务税金及附加	88.31	98.04	101.63	102.13	108.00
利润总额	1423.01	1569.64	1532.07	1435.70	1539.11
本年应缴增值税	439.48	479.7	483.32	485.68	517.01

资料来源：河北省统计年鉴 2013—2017

第六章 河北省印刷企业发展状况分析

截止到 2016 年年底，河北省私营工业企业单位数为 9626 家，资产总计为 13851.74 亿元，负债为 6101.87 亿元，所有者权益为 7749.87 亿元。2016 年实现主营业务收入 22978.07 亿元，利润总额 1539.11 亿元。

表 6-20　河北省私营工业企业主要经济指标增长率　　　　　　单位：%

指　　标	2013 年	2014 年	2015 年	2016 年
企业单位数增长率	13.51	6.39	3.05	-2.70
资产总计增长率	21.96	26.13	-2.46	3.76
流动资产合计增长率	20.93	7.96	4.51	1.28
负债合计增长率	17.85	12.79	10.39	-2.54
所有者权益增长率	25.03	35.61	-2.09	9.32
主营业务收入增长率	13.90	5.43	0.49	6.34
主营业务成本增长率	14.47	6.21	1.36	6.86
主营业务税金及附加增长率	11.02	3.66	0.49	5.74
利润总额增长率	10.30	-2.39	-6.29	7.20
本年应缴增值税增长率	9.15	0.75	0.49	6.45

资料来源：根据表 6-19 数据计算

2013 年，河北省私营工业企业主要经济指标增长率均为正数，2014 年利润总额增长率为负数，2015 年总资产、所有者权益和利润总额增长率均为负数。2016 年主营业务收入和利润总额有一定的增长，私营工业企业的经营形势有所好转。

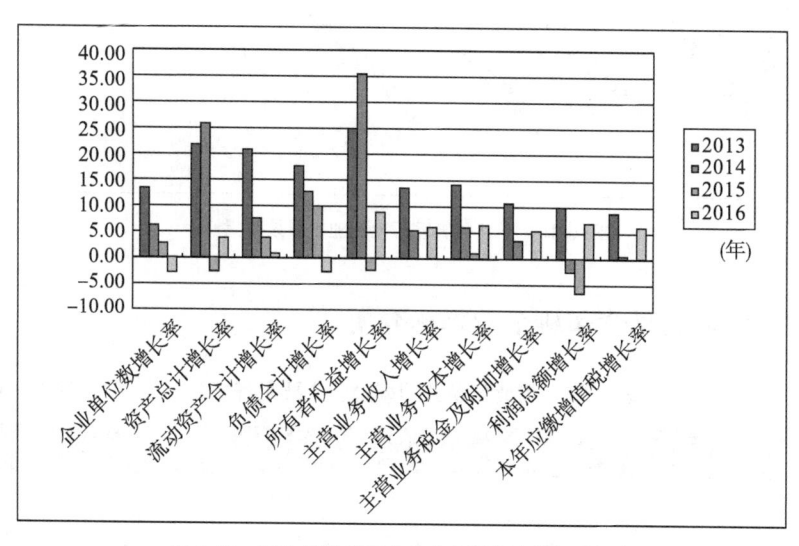

图 6-15　河北省私营工业企业主要经济指标增长率

表 6-21　河北省私营工业企业主要效益指标

年　度	总资产贡献率 /%	资产负债率 /%	流动资产周转次数 / 次	工业成本费用利润率 /%	产品销售率 /%
2012	23.40	51.27	4.75	8.74	97.42
2013	21.16	49.36	4.49	8.38	97.54
2014	16.68	46.21	4.39	7.67	97.76
2015	15.66	46.36	4.22	7.11	97.97
2016	15.81	43.61	4.44	7.14	97.81

资料来源：河北省统计年鉴 2013—2017

2012—2015 年，河北省私营工业企业总资产贡献率、流动资产周转次数、工业成本费用利润率逐年下降，2016 年略有增加，资产负债率逐步下降，产品销售率在 97% 以上。

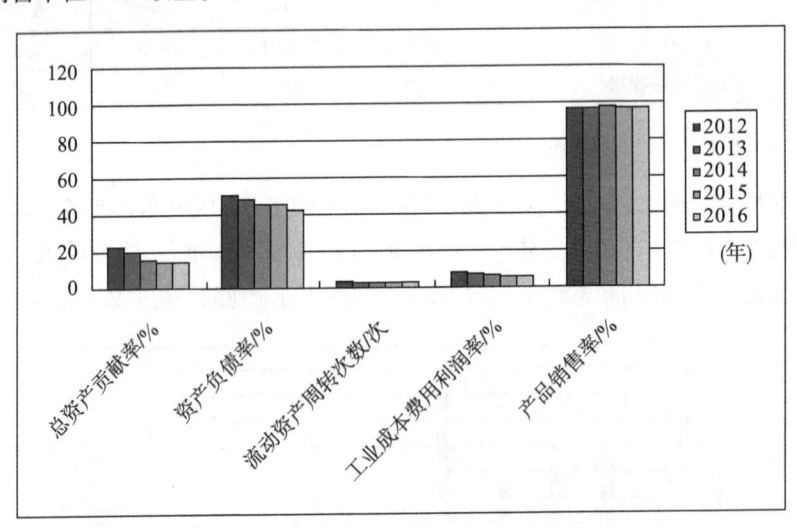

图 6-16　河北省私营工业企业主要效益指标

2. 河北省私营印刷企业指标分析

表 6-22　河北省私营印刷企业主要经济指标　　　　单位：亿元

指　标	2012 年	2013 年	2014 年	2015 年	2016 年
企业单位数 / 个	72	116	126	141	168
资产总计	48.25	74.03	86.43	100.50	182.83

续表

指标	2012年	2013年	2014年	2015年	2016年
流动资产合计	18.78	32.76	34.26	40.85	71.59
负债合计	16.64	31.59	34.01	46.80	89.48
所有者权益	27.84	37.68	47.35	53.70	93.35
主营业务收入	128.51	186.06	201.93	217.60	292.85
主营业务成本	110.41	163.4	178.78	191.60	259.00
主营业务税金及附加	0.46	0.66	0.82	0.88	1.17
利润总额	12.29	15.96	14.87	16.80	20.34
本年应缴增值税	3.11	4.08	3.75	4.04	5.42

资料来源：河北省统计年鉴2013—2017

截止到2016年年底，河北省私营印刷企业168家，资产总计为182.83亿元，负债合计为89.48亿元，所有者权益为93.35亿元。2016年实现主营业务收入292.85亿元，利润总额为20.34亿元。

表6-23 河北省私营印刷企业主要经济指标增长率　　　　单位：%

指标	2013年	2014年	2015年	2016年
企业单位数增长率	61.11	8.62	11.90	19.15
资产总计增长率	53.43	16.75	16.28	81.92
流动资产合计增长率	74.44	4.58	19.24	75.25
负债合计增长率	89.84	7.66	37.61	91.20
所有者权益增长率	35.34	25.66	13.41	73.84
主营业务收入增长率	44.78	8.53	7.76	34.58
主营业务成本增长率	47.99	9.41	7.17	35.18
主营业务税金及附加增长率	43.48	24.24	7.32	33.11
利润总额增长率	29.86	-6.83	12.98	21.07
本年应缴增值税增长率	31.19	-8.09	7.73	34.10

资料来源：根据表6-22数据计算

私营印刷企业的主要经济指标在2013年都有了大幅度增长，企业单位数增长了61.11%，资产总计增长了53.43%，负债总计增长最多，为89.84%；主营业务收入增长了44.78%，利润总额增长率29.86%。2014年除了利润总额和应缴增值税为负增长，其他各项指标有了进一步增长，但是涨幅相对于2013年有所下降。2015年私营印刷企业主要经济指标增长率均为正数，生产经营状况和经济效益进一步好转。2016年，河北省私营印刷企业各项指标大幅增长，发展形势进一步好转。

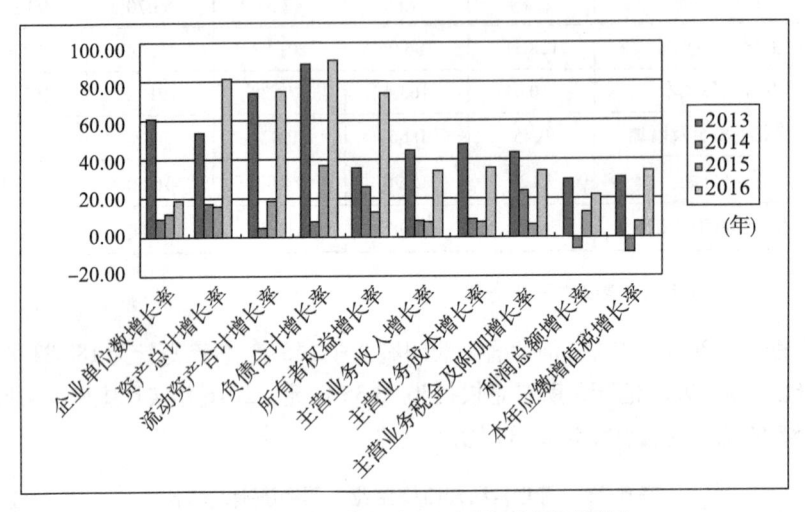

图6-17 河北省私营印刷企业主要经济指标增长率

表6-24 河北省私营印刷企业主要效益指标

年　度	总资产贡献率/%	资产负债率/%	流动资产周转次数/次	工业成本费用利润率/%	产品销售率/%
2012	34.06	41.55	6.87	10.60	99.61
2013	29.05	48.60	5.70	9.39	99.04
2014	23.51	44.45	5.91	7.97	99.06
2015	22.93	46.57	5.35	8.38	99.16
2016	19.10	42.76	4.91	7.57	98.94

资料来源：河北省统计年鉴2013—2017

2012—2016年，河北省私营印刷企业的总资产贡献率在逐年下降，资产负债率虽有所波动，但处于比较合理的水平，流动资产周转次数、工业成本费用利润率有所波动，产品销售率在98%以上。

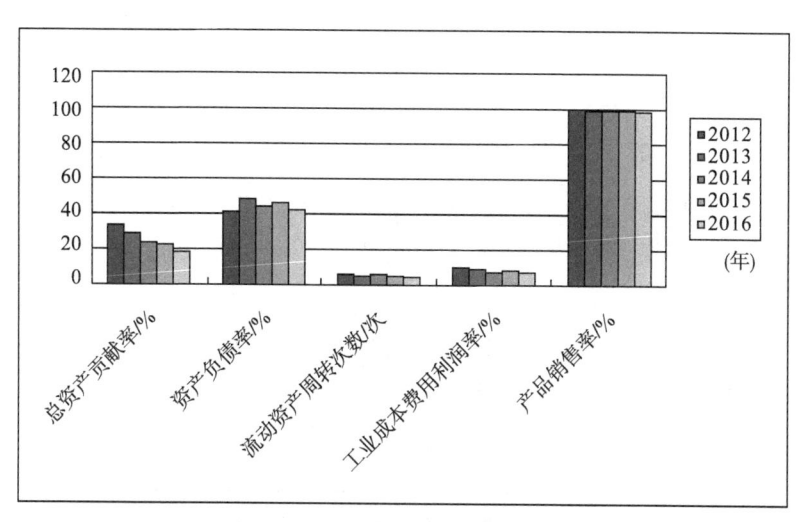

图 6-18　河北省私营印刷企业主要效益指标

3. 河北省私营企业指标比较分析

表 6-25　河北省私营印刷企业主要经济指标占比　　　　单位：%

指　标	2012 年	2013 年	2014 年	2015 年	2016 年
企业单位数百分比	0.91	1.29	1.31	1.43	1.75
资产总计百分比	0.54	0.68	0.63	0.75	1.32
流动资产合计百分比	0.49	0.71	0.69	0.79	1.36
负债合计百分比	0.39	0.63	0.60	0.75	1.47
所有者权益百分比	0.65	0.71	0.65	0.76	1.20
主营业务收入百分比	0.72	0.91	0.94	1.01	1.27
主营业务成本百分比	0.72	0.93	0.96	1.01	1.28
主营业务税金及附加百分比	0.52	0.67	0.81	0.87	1.08
利润总额百分比	0.86	1.02	0.97	1.17	1.32
本年应缴增值税百分比	0.71	0.85	0.78	0.83	1.05

资料来源：根据表 6-19 和表 6-22 数据计算

2012—2016 年，河北省私营印刷企业主要经济指标占私营工业企业的比重整体提高，说明河北省私营印刷企业发展良好。

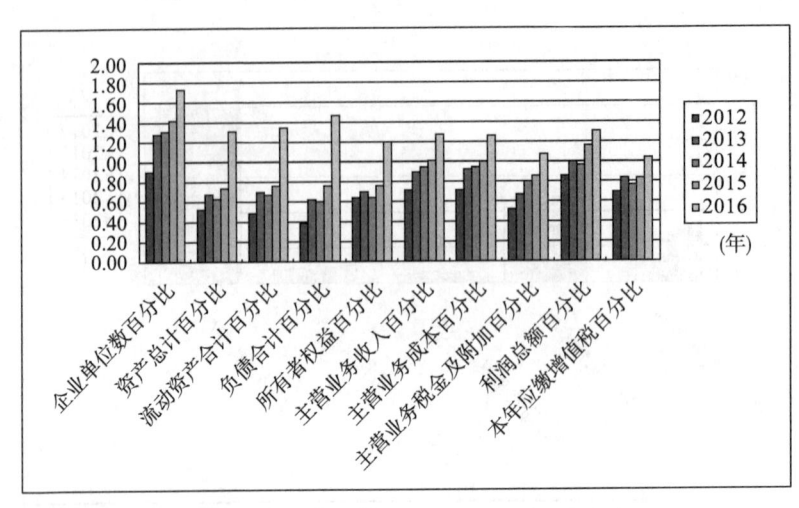

图 6-19 河北省私营印刷企业主要经济指标占比

表 6-26 河北省私营企业主要经济指标增长率之差　　　单位：%

指标	2013 年	2014 年	2015 年	2016 年
企业单位数增长率之差	47.60	2.23	8.85	21.85
资产总计增长率之差	31.47	-9.38	18.73	78.16
流动资产合计增长率之差	53.51	-3.38	14.72	73.97
负债合计增长率之差	72.00	-5.12	27.22	93.73
所有者权益增长率之差	10.32	-9.94	15.50	64.52
主营业务收入增长率之差	30.89	3.10	7.27	28.24
主营业务成本增长率之差	33.53	3.21	5.81	28.32
主营业务税金及附加增长率之差	32.46	20.58	7.27	27.37
利润总额增长率之差	19.56	-4.44	19.27	13.87
本年应缴增值税增长率之差	22.04	-8.84	7.27	27.65

资料来源：根据表 6-20 和表 6-23 数据计算

2013 年，河北省私营印刷企业与私营工业企业的主要经济指标增长率之差都为正数，说明私营印刷企业的增长速度要大于工业企业，而到了 2014 年，除了企业单位数、主营业务收入、成本，以及主营业务税金及附加增长率之差为正数，其他指标增长率之差均为负数，说明 2014 年印刷业的增长速度与工业企业增长速度的差距拉近，甚至慢于工业企业。2015 年私营印刷企业与私营工业企业的主要经济指标增长率之差都为正数，说明私营印刷企业各项经济指标增长率高于私营工业企业各项指标增长率。

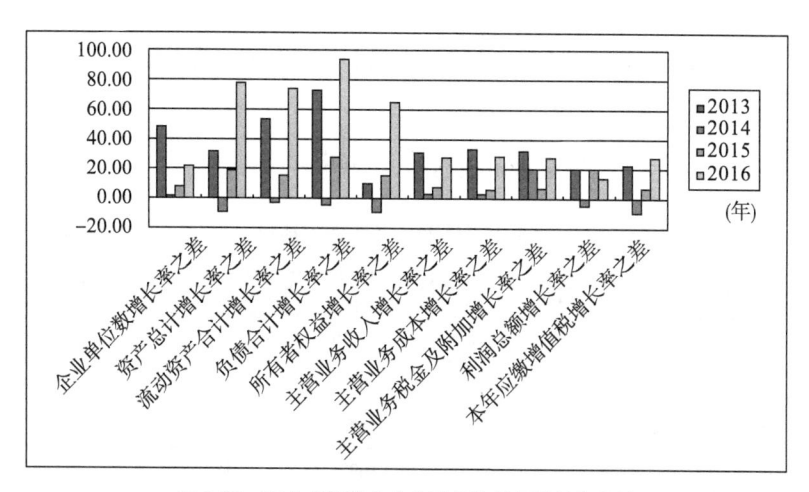

图 6-20　河北省私营企业主要经济指标增长率之差

表 6-27　河北省私营企业主要效益指标之差

年　度	资产贡献率之差 /%	资产负债率之差 /%	流动资产周转次数之差 / 次	工业成本费用利润率之差 /%	产品销售率之差 /%
2012	10.66	-9.72	2.12	1.86	2.19
2013	7.89	-0.76	1.21	1.01	1.50
2014	6.83	-1.76	1.52	0.30	1.30
2015	7.27	0.21	1.13	1.27	1.19
2016	3.29	-0.85	0.47	0.43	1.13

2012—2016 年，河北省私营印刷企业与私营工业企业的资产贡献率、流动资产周转次数、工业成本费用利润率、产品销售率之差均为正数，说明私营印刷企业经济效益比私营工业企业经济效益要好。

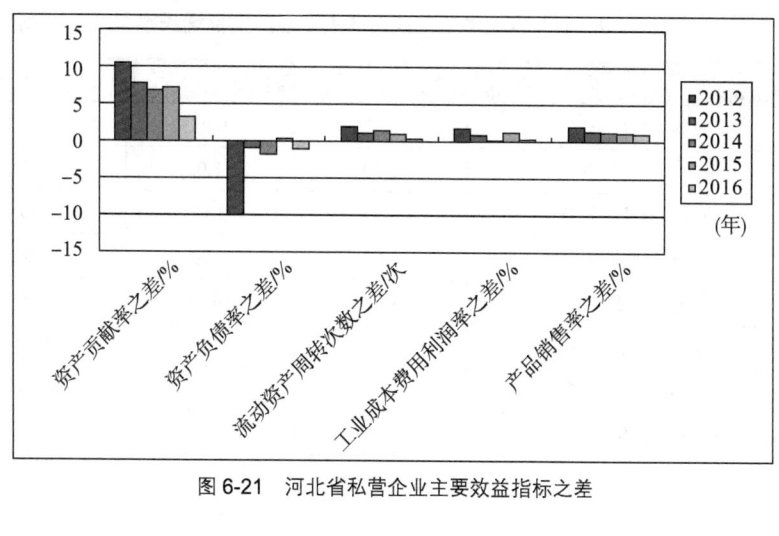

图 6-21　河北省私营企业主要效益指标之差

（四）河北省大中型印刷企业发展情况

1. 河北省大中型工业企业指标分析

表 6-28　河北省大中型工业企业主要经济指标　　　　单位：亿元

指　　标	2012年	2013年	2014年	2015年
企业单位数/个	2184	2200	2221	2169
资产总计	26017.06	28200.31	31324.46	30535.80
流动资产合计	10436.26	11247.19	11603.12	11534.70
负债合计	15565.14	16973.25	18125.48	18213.70
所有者权益	9863.24	10834.76	12605.36	12322.10
主营业务收入	28859.28	29564.42	29822.94	27616.60
主营业务成本	25107.65	25726.04	25767.95	24069.30
主营业务税金及附加	334.93	333.65	371.75	344.25
利润总额	1397.84	1475.24	1452.00	1180.10
本年应缴增值税	830.21	799.96	806.34	746.69

资料来源：河北省统计年鉴 2013—2016

截止到 2015 年年底，河北省大中型工业企业单位数达到 2169 家，资产总计 30535.80 亿元，负债合计 18213.70 亿元，所有者权益 12322.10 亿元。2015 年实现主营业务收入 27616.60 亿元，利润总额 1180.10 亿元。

表 6-29　河北省大中型工业企业主要经济指标增长率　　　　单位：%

指　　标	2013年	2014年	2015年
企业单位数增长率	0.73	0.95	-2.34
资产总计增长率	8.39	11.08	-2.52
流动资产合计增长率	7.77	3.16	-0.59
负债合计增长率	9.05	6.79	0.49
所有者权益增长率	9.85	16.34	-2.25
主营业务收入增长率	2.44	0.87	-7.40
主营业务成本增长率	2.46	0.16	-6.59
主营业务税金及附加增长率	-0.38	11.42	-7.40

续表

指　标	2013 年	2014 年	2015 年
利润总额增长率	5.54	-1.58	-18.73
本年应缴增值税增长率	-3.64	0.80	-7.40

资料来源：根据表 6-28 数据计算

从增长率来看，2013 年除了主营业务税金及附加和应缴增值税增长率为负数，其他指标都是正增长。2014 年除了利润总额，其他经济指标也有一定的增长。2015 年除负债合计增长率为正数外，其他各指标增长率均为负数，说明河北省大中型工业企业经营出现困难，效益下滑。

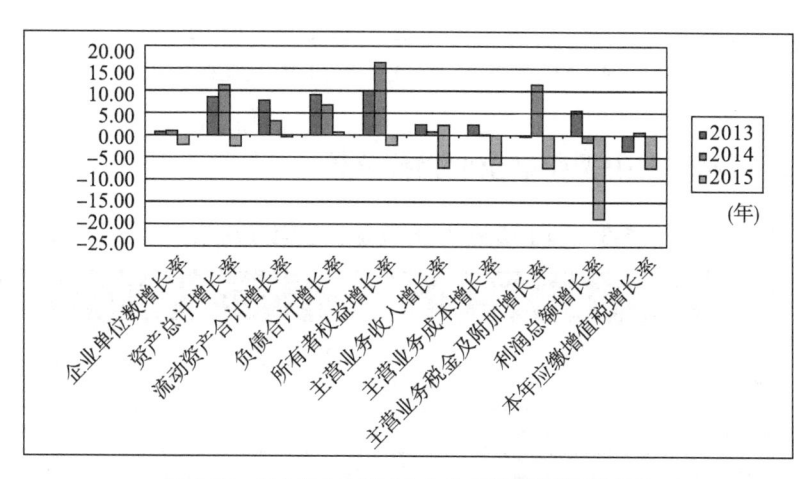

图 6-22　河北省大中型工业企业主要经济指标增长率

表 6-30　河北省大中型工业企业主要效益指标

年　度	总资产贡献率 /%	资产负债率 /%	流动资产周转次数 / 次	工业成本费用利润率 /%	产品销售率 /%
2012	11.35	61.90	2.88	5.02	97.85
2013	10.74	61.25	2.75	5.13	97.80
2014	9.80	59.60	2.68	5.01	98.10
2015	8.79	59.57	2.49	4.38	97.91

资料来源：河北省统计年鉴 2013—2016

2012—2015 年，河北省大中型工业企业总资产贡献率、资产负债率、流动资产周转次数逐年下降，工业成本费用利润率呈下降趋势，产品销售率在 97% 以上。

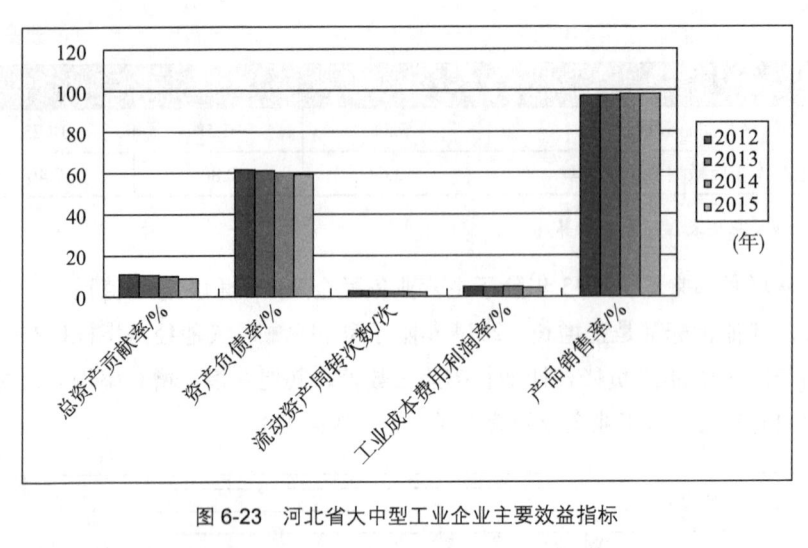

图 6-23 河北省大中型工业企业主要效益指标

2. 河北省大中型印刷企业指标分析

表 6-31　河北省大中型印刷企业主要经济指标　　　　单位：亿元

指标	2012 年	2013 年	2014 年	2015 年
企业单位数/个	15	15	17	18
资产总计	50.78	62.40	64.79	72.20
流动资产合计	19.68	32.25	32.04	35.50
负债合计	15.44	17.73	17.40	21.10
所有者权益	33.77	42.95	45.58	51.10
主营业务收入	56.30	62.82	71.74	80.60
主营业务成本	43.98	50.22	58.89	68.80
主营业务税金及附加	0.27	0.38	0.44	0.49
利润总额	6.11	6.65	7.01	6.30
本年应缴增值税	1.80	2.23	2.44	2.74

资料来源：河北省统计年鉴 2013—2016

截止到 2015 年年底，河北省大中型印刷企业的单位数为 18 家，资产总计 72.20 亿元，负债合计 21.10 亿元，所有者权益 51.10 亿元。2015 年实现主营业务收入 80.60 亿元，利润总额 6.30 亿元。

表 6-32 河北省大中型印刷企业主要经济指标增长率　　　　　单位：%

指　　标	2013 年	2014 年	2015 年
企业单位数增长率	0.00	13.33	5.88
资产总计增长率	22.88	3.83	11.44
流动资产合计增长率	63.87	-0.65	10.80
负债合计增长率	14.83	-1.86	21.26
所有者权益增长率	27.18	6.12	12.11
主营业务收入增长率	11.58	14.20	12.35
主营业务成本增长率	14.19	17.26	16.83
主营业务税金及附加增长率	40.74	15.79	12.35
利润总额增长率	8.84	5.41	-10.13
本年应缴增值税增长率	23.89	9.42	12.35

资料来源：根据表 6-31 数据计算

2013 年，除了大中型印刷企业的增长率为 0 以外，其他各项经济指标都有了一定程度的增长，其中资产总计增长了 22.88%，负债合计增长了 14.83%，主营业务收入增长了 11.58%，利润总额增长了 8.84%。2014 年，流动资产和负债出现负增长，其他各项经济指标继续维持进一步增长。2015 年，利润总额增长率为负数，其他各项指标增长率为正数。

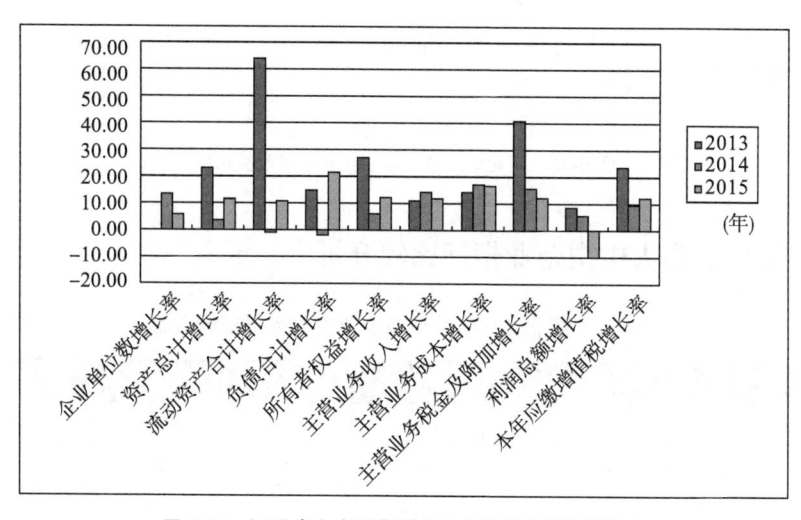

图 6-24 河北省大中型印刷企业主要经济指标增长率

表6-33 河北省大中型印刷企业主要效益指标

年　度	总资产贡献率/%	资产负债率/%	流动资产周转次数/次	工业成本费用利润率/%	产品销售率/%
2012年	16.58	33.50	2.93	11.89	99.45
2013年	15.30	31.17	2.04	11.31	99.66
2014年	15.64	29.48	2.33	10.33	99.86
2015年	13.54	29.17	2.30	8.24	101.39

资料来源：河北省统计年鉴2013—2016

2012—2015年，河北省大中型印刷企业总资产贡献率有所下降，资产负债率、工业成本费用利润率持续降低，产品销售率持续上升。

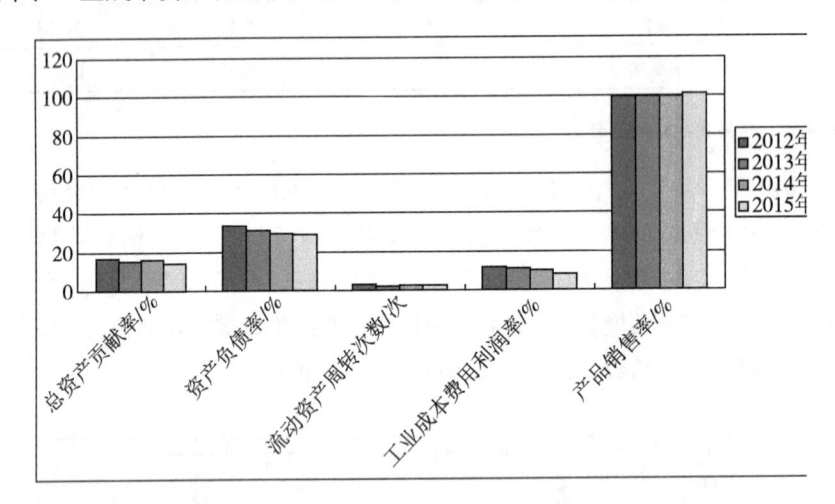

图6-25 河北省大中型印刷企业主要效益指标

3. 河北省大中型企业指标比较分析

表6-34 河北省大中型印刷企业主要经济指标占比　　　　　　单位：%

指标	2012年	2013年	2014年	2015年
企业单位数百分比	0.69	0.68	0.77	0.83
资产总计百分比	0.20	0.22	0.21	0.24
流动资产合计百分比	0.19	0.29	0.28	0.31

续表

指　　标	2012年	2013年	2014年	2015年
负债合计百分比	0.10	0.10	0.10	0.12
所有者权益百分比	0.34	0.40	0.36	0.41
主营业务收入百分比	0.20	0.21	0.24	0.29
主营业务成本百分比	0.18	0.20	0.23	0.29
主营业务税金及附加百分比	0.08	0.11	0.12	0.14
利润总额百分比	0.44	0.45	0.48	0.53
本年应缴增值税百分比	0.22	0.28	0.30	0.37

资料来源：根据表6-28和表6-31数据计算

2012—2015年，河北省大中型印刷企业主要经济指标占大中型工业企业的比重整体上有小幅上升的趋势，可以说明大中型印刷企业在大中型工业企业中的地位有所提升。

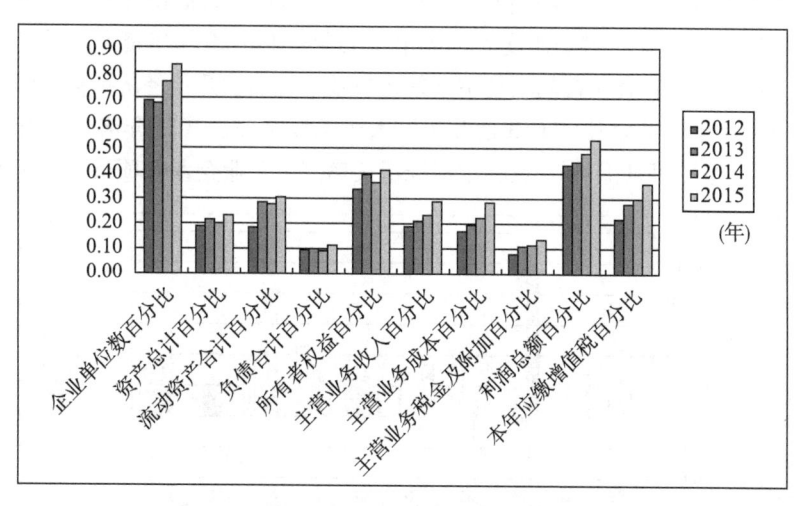

图6-26　河北省大中型印刷企业主要经济指标占比

表6-35　河北省大中型企业主要经济指标增长率之差　　　　单位：%

指　　标	2013年	2014年	2015年
企业单位数增长率之差	-0.73	12.38	8.22
资产总计增长率之差	14.49	-7.25	13.95

续表

指　标	2013年	2014年	2015年
流动资产合计增长率之差	56.10	-3.82	11.39
负债合计增长率之差	5.79	-8.65	20.78
所有者权益增长率之差	17.33	-10.22	14.36
主营业务收入增长率之差	9.14	13.32	19.75
主营业务成本增长率之差	11.73	17.10	23.42
主营业务税金及附加增长率之差	41.12	4.37	19.75
利润总额增长率之差	3.30	6.99	8.60
本年应缴增值税增长率之差	27.53	8.62	19.75

资料来源：根据表6-29和表6-32数据计算

在2013年，除了企业单位数增长率之差为负数，其他指标均为正数，说明大中型印刷企业的增长速度大于大中型工业企业。2014年资产总计、流动资产、负债、所有者权益的增长率之差为负数，说明这几项经济指标的印刷企业增长率小于工业企业，而其他几项则大于工业企业。2015年各项指标增长率之差为正数，说明印刷企业各项指标增长率高于工业企业各项指标增长率。

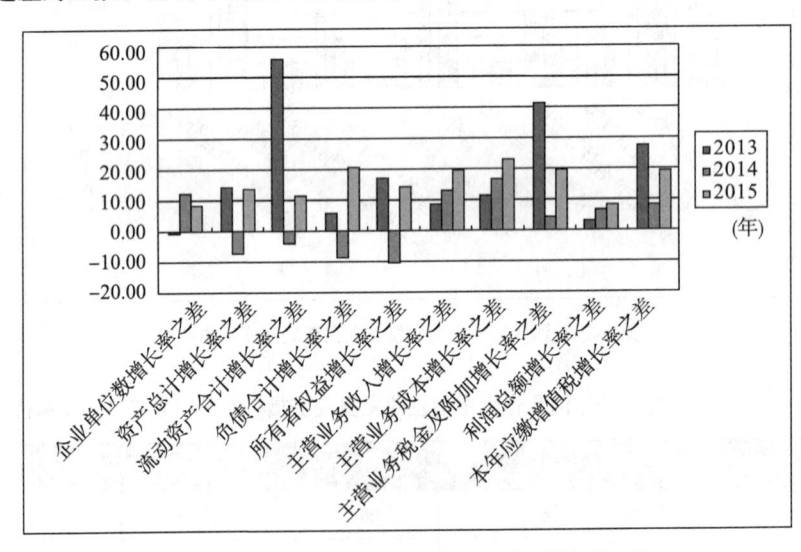

图6-27　河北省大中型企业主要经济指标增长率之差

表 6-36　河北省大中型企业主要效益指标之差　　　　　　　　单位：%

年　度	资产贡献率之差	资产负债率之差	流动资产周转次数之差	工业成本费用利润率之差	产品销售率之差
2012 年	5.23	-28.40	0.05	6.87	1.60
2013 年	4.56	-30.08	-0.71	6.18	1.86
2014 年	5.84	-30.12	-0.35	5.32	1.76
2015 年	4.75	-30.4	-0.19	3.86	3.48

资料来源：根据表 6-30 和表 6-33 数据计算

2012—2015 年，河北省大中型印刷企业总资产贡献率高于工业企业，而资产负债率低于工业企业，流动资产周转次数略低于工业企业，工业成本费用利润率和产品销售率均高于工业企业。

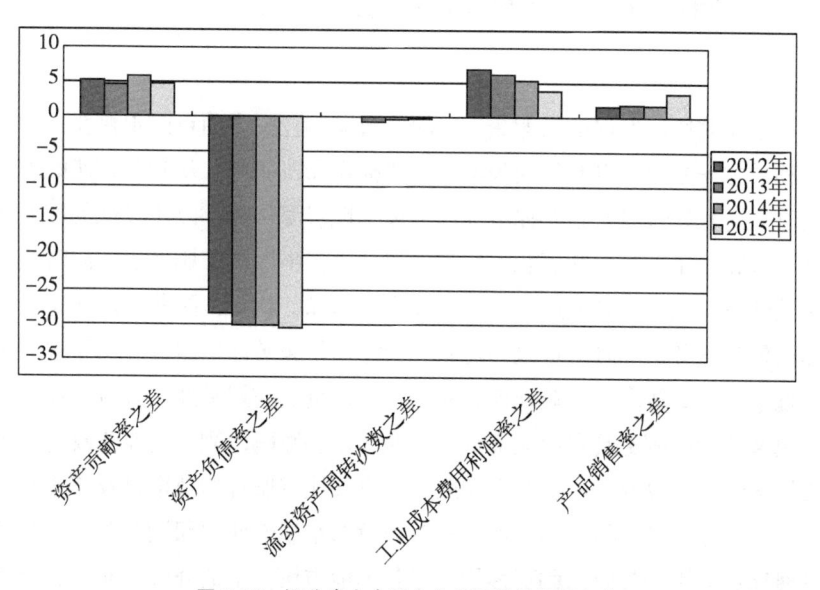

图 6-28　河北省大中型企业主要效益指标之差

2012—2016 年，河北省规模以上工业企业各主要经济指标增速放缓，主要效益指标下滑，规模以上印刷企业规模与效益指标和工业企业保持一致，但是印刷企业主要经济指标增长率与主要效益指标相对较高，印刷企业在工业企业中的地位进一步上升。国有及国有控股印刷企业效益下滑明显，导致 2012—2016 年国有及国有控股印刷企业资产与收入等指标所占比重有所提高，利润总额所占比重下降。私营印刷企业保持较快的增长，2014年利润总额增长率为负数，2015年、2016年各主要经济指标增长率有进一步提高，私营印刷企业主要经济指标增长率高于私营工业企业主要经济指标增长率，主要效益指标优于私营工业企业，私营印刷企业主要经济指标占比有所提高。大中型印刷企业变化与私营印刷企业变化方向一致，大中型印刷企业整体上的表现优于大中型工业企业，各主要经济指标占比有所提升。在河北省工业经历转型和结构调整的阵痛中，印刷业在整个工业中的作用进一步凸显，未来发展仍具有较大的潜力和发展机会。

（五）河北省印刷业发展定位

在京津冀协同发展的大背景下，河北省印刷业一方面可以承接北京印刷业的转移，另一方面可以有效地为本省企业提供印刷服务。从毗邻京津的地理位置来看，河北省可以充分发挥本地人力和土地资源优势，以比较低的印刷成本满足北京和天津市场。紧邻北京的廊坊等地区，出版物印刷发达，同时这些地区包装装潢印刷也比较发达，主要是为本省食品、饮料、医药、烟草等轻工产品提供包装服务，同时也可以为北京、天津提供包装印刷服务。由于包装装潢印刷批量一般比较大，企业规模相对大一些，更具有规模经济效应，在河北省发展包装装潢印刷更具有比较优势。其他印刷和数码印刷，主要为政府机关、经济社会组织，以及居民提供印刷服务，更加注重服务的效率以及与客户之间的互动，一般服务半径较小，适合相对分散的小型专业化印刷企业，因此河北省发展商业印刷和数码印刷更多的是服务本地市场，不适合服务北京和天津市场。网络技术可以在一定程度上减轻由于距离导致的服务成本和效率问题，但是相对本地专业化的印刷服务，提供商还具有天然的劣势。

从京津冀协同发展的大背景来看，同时考虑承接来自北京和天津的产业转移，河北省应该发挥自身优势，形成与北京和天津互补的印刷业发展格局，实现错位发展。根据《京津冀发展规划纲要》，京津冀产业空间布局是一核、双城、三轴、四区、多节点。一核是指北京，要通过疏解非首都功能而强化四个中心功能定位，构建高精尖的经济结构，并形成带动周边城市发展的世界级城市。双城指北京和天津，北京以现代服务业、高端制造业为主；天津以高端制造业为主，实现优势互补，互为支撑，共同带动周边城市发展。三轴分别指京津发展轴承，指从北京大兴、廊坊、武清等一线；京唐秦发展轴，指从通州到河北北三县到唐山、秦皇岛一线；京保石发展轴，指北京、保定到石家庄一线。四区是指中部核心功能区，东部滨海发展区，南部功能拓展区，西部生态涵养区。多节点是指石家庄、唐山、保定、邯郸等区域性中心城市。

河北省印刷业的发展定位和布局，要和京津冀产业布局的一核、双城、三轴、四区、多节点结合起来。由于北京的文化中心和政治中心地位，紧邻北京的区县，重点发展高端出版物印刷和高端商业印刷；紧邻天津的区县和相对外围的区县，重点发展高端商业印刷和包装装潢印刷；区域性节点城市主要发展服务于本地的商业印刷和数码印刷等。从价值链分工的角度看，河北省重点发展的印刷生产、物流配送以及印刷物资供应等。整体来看，河北省优先发展包装装潢印刷，其次是出版物印刷，再就是其他印刷中的商业印刷，重点是这些印刷的生产和配送环节。河北省要成为高端包装装潢印刷、精品出版物印刷和高效商业印刷的集中地。

第七章 天津市印刷业发展状况分析

（一）天津市规模以上印刷企业发展情况

1. 天津市规模以上工业企业指标分析

表 7-1　天津市规模以上工业企业主要经济指标　　　单位：亿元

指标	2012 年	2013 年	2014 年	2015 年	2016 年
企业单位数 / 个	5342	5511	5501	5525	5203
资产总计	19986.14	22388.19	23988.63	25242.98	25075.09
流动资产合计	10828.11	12067.66	12762.46	13068.21	12253.46
主营业务收入	23645.72	27078.43	28382.59	27969.58	25888.20
利税总额	3315.93	3725.25	3586.80	3515.09	3223.42
利润总额	2100.66	2258.93	2261.83	2221.82	2046.69
从业人员年平均人数 / 万人	160.23	163.15	164.08	157.81	143.41

资料来源：天津市统计年鉴 2013—2017

截止到 2016 年年底，天津市规模以上工业企业 5203 家，资产总计 25075.09 亿元，从业人员年平均人数 143.41 万人。2016 年实现主营业务收入 25888.20 亿元，利润总额为 2046.69 亿元。

第七章 天津市印刷业发展状况分析

表 7-2 天津市规模以上工业企业主要经济指标增长率　　　单位：%

指　标	2013年	2014年	2015年	2016年
企业单位数增长率	3.16	-0.18	0.44	-5.83
资产总计增长率	12.02	7.15	5.23	-0.67
流动资产合计增长率	11.45	5.76	2.40	-6.23
主营业务收入增长率	14.52	4.82	-1.46	-7.44
利税总额增长率	12.34	-3.72	-2.00	-8.30
利润总额增长率	7.53	0.13	-1.77	-7.88
从业人员年平均人数增长率	1.82	0.57	-3.82	-9.12

资料来源：根据表 7-1 数据计算

2013—2016 年，天津市规模以上工业企业主要经济指标增长率呈逐年下降的趋势，尤其是 2016 年各项指标增长率均为负数，工业生产出现萎缩现象，形势堪忧。

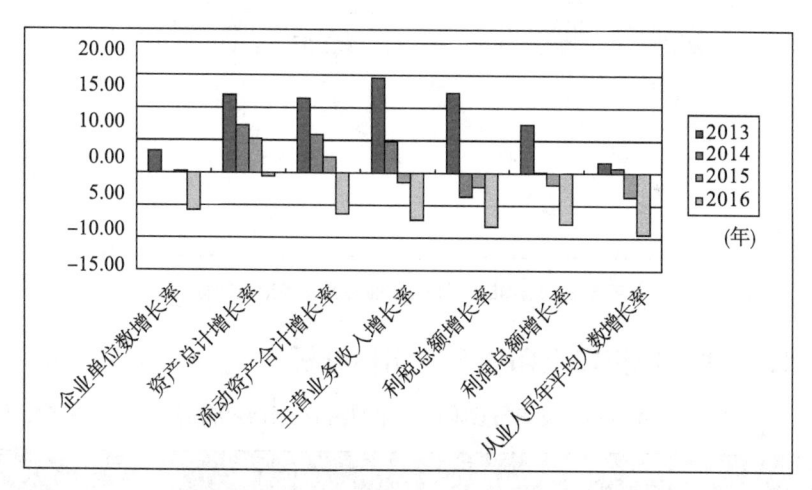

图 7-1 天津市规模以上工业企业主要经济指标增长率

表 7-3 天津市规模以上工业企业主要效益指标

年　度	总资产贡献率 /%	资产负债率 /%	流动资产周转次数 / 次	工业成本费用利润率 /%	产品销售率 /%
2012	17.6	63.5	2.2	9.8	98.9
2013	17.4	63.6	2.2	9.1	98.1

续表

年 度	总资产贡献率 /%	资产负债率 /%	流动资产周转次数 / 次	工业成本费用利润率 /%	产品销售率 /%
2014	15.7	61.7	2.2	8.7	97.7
2015	14.6	62.8	2.1	8.7	97.2
2016	14.6	61.4	2.1	8.7	97.3

资料来源：天津市统计年鉴2013—2017

2012—2016 年，天津市规模以上工业企业主要效益指标有所下降，资产负债率相对较高。

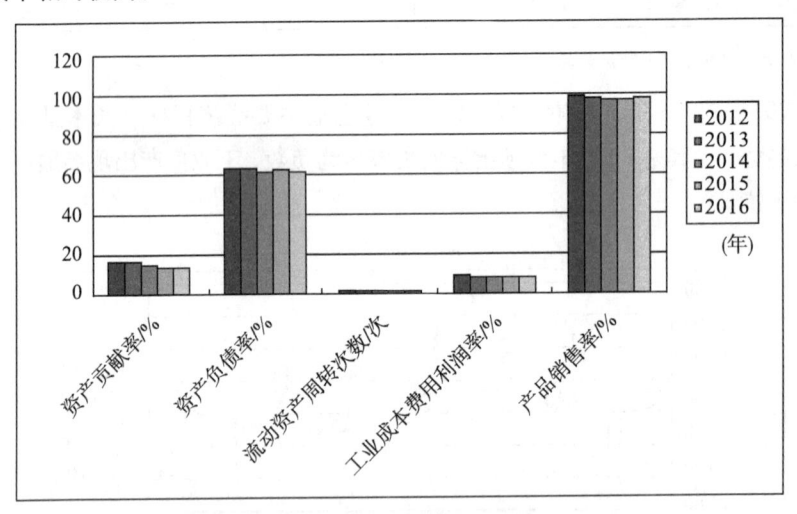

图 7-2 天津市规模以上工业企业主要效益指标

2. 天津市规模以上印刷企业指标分析

表 7-4 天津市规模以上印刷企业主要经济指标　　　单位：亿元

指 标	2012 年	2013 年	2014 年	2015 年	2016 年
企业单位数 / 个	57	86	86	91	83
资产总计	55.32	70.74	76.40	83.72	91.29
流动资产合计	25.63	34.77	35.12	39.24	41.00
主营业务收入	42.65	80.53	91.98	105.86	112.45
利税总额	5.15	8.80	10.02	12.72	12.69
利润总额	3.49	5.76	5.79	7.58	7.96
从业人员年平均人数 / 万人	0.97	1.38	1.42	1.47	1.46

资料来源：天津市统计年鉴2013—2017

第七章 天津市印刷业发展状况分析

截止到2016年年底,天津市规模以上印刷企业83家,资产总计91.29亿元,从业人员年平均人数1.46万人。2016年主营业务收入实现112.45亿元的预期,利润总额为7.96亿元。

表 7-5　天津市规模以上印刷企业主要经济指标增长率　　　　单位:%

指　　标	2013年	2014年	2015年	2016年
企业单位数增长率	50.88	0.00	5.81	-8.79
资产总计增长率	27.87	8.00	9.58	9.04
流动资产合计增长率	35.66	1.01	11.73	4.49
主营业务收入增长率	88.82	14.22	15.09	6.23
利税总额增长率	70.87	13.86	26.95	-0.24
利润总额增长率	65.04	0.52	30.92	5.01
从业人员年平均人数增长率	42.27	2.90	3.52	-0.68

资料来源:根据表7-4数据计算

整体来看,天津市规模以上印刷企业发展的形势不错,2016年企业单位数下降,利税总额增长率为负数,从业人员数略有下降,但主营业务收入和利润总额均有增长。

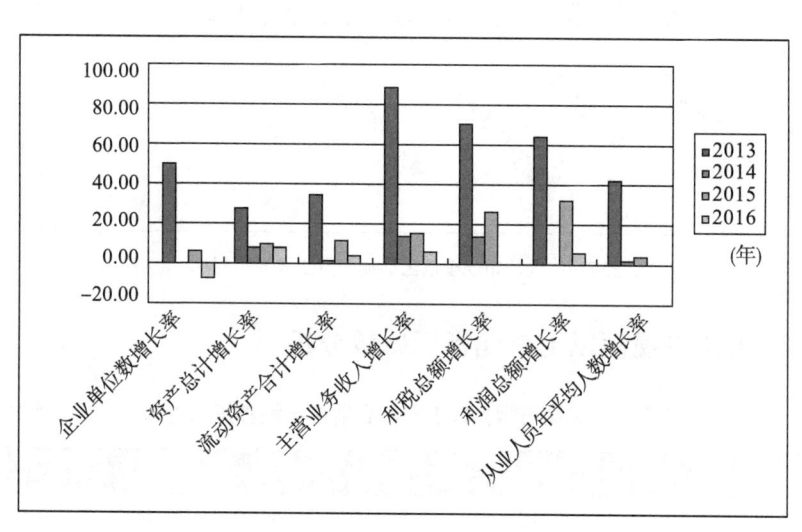

图 7-3　天津市规模以上印刷企业主要经济指标增长率

表 7-6　天津市规模以上印刷企业主要效益指标

年　度	总资产贡献率/%	资产负债率/%	流动资产周转次数/次	工业成本费用利润率/%	产品销售率/%
2012	10.0	59.6	1.7	8.8	103.6
2013	13.4	62.5	2.3	7.7	100.3
2014	14.0	59.1	2.6	6.7	98.9
2015	16.0	54.4	2.7	7.7	100.6
2016	14.5	51.8	2.7	7.5	99.1

资料来源：天津市统计年鉴 2013—2017

2012—2016 年，天津市规模以上印刷企业主要效益指标有所变化，资产负债率逐渐下降，产品销售率较高。

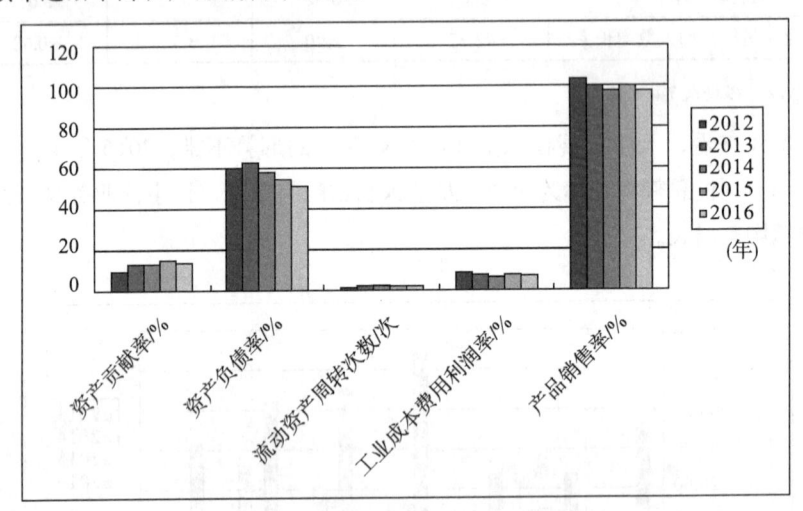

图 7-4　天津市规模以上印刷企业主要效益指标

3. 天津市规模以上企业指标比较分析

表 7-7　天津市规模以上印刷企业主要经济指标占比　　　　　　　单位：%

指　标	2012 年	2013 年	2014 年	2015 年	2016 年
企业单位数占比	1.07	1.56	1.56	1.65	1.60
资产总计占比	0.28	0.32	0.32	0.33	0.36
流动资产合计占比	0.24	0.29	0.28	0.30	0.33
主营业务收入占比	0.18	0.30	0.32	0.38	0.43

续表

指　标	2012年	2013年	2014年	2015年	2016年
利税总额占比	0.16	0.24	0.28	0.36	0.39
利润总额占比	0.17	0.25	0.26	0.34	0.39
从业人员年平均人数占比	0.61	0.85	0.87	0.93	1.02

资料来源：根据表7-1和表7-4数据计算

2012—2016年，天津市规模以上印刷企业的主要经济指标占比略有上升。

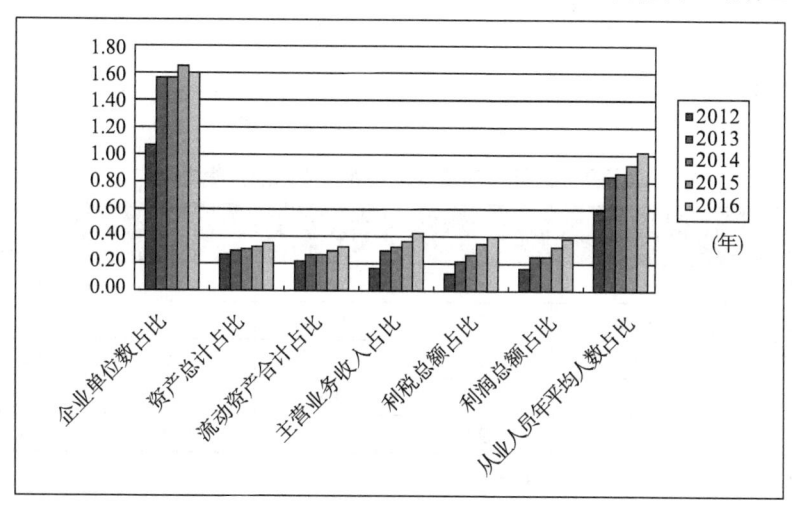

图7-5　天津市规模以上印刷企业主要经济指标占比

表7-8　天津市规模以上企业主要经济指标增长率之差　　　单位：%

指　标	2013年	2014年	2015年	2016年
企业单位数增长率之差	47.71	0.18	5.38	-2.96
资产总计增长率之差	15.86	0.85	4.35	9.71
流动资产合计增长率之差	24.21	-4.75	9.34	10.72
主营业务收入增长率之差	74.30	9.40	16.55	13.67
利税总额增长率之差	58.53	17.58	28.95	8.06
利润总额增长率之差	57.51	0.39	32.68	12.90
从业人员年平均人数增长率之差	40.45	2.33	7.34	8.44

资料来源：根据表7-2和表7-5数据计算

2013—2016年，天津市规模以上印刷企业的主要经济指标增长率大多数高于规模以上工业企业主要经济指标增长率。

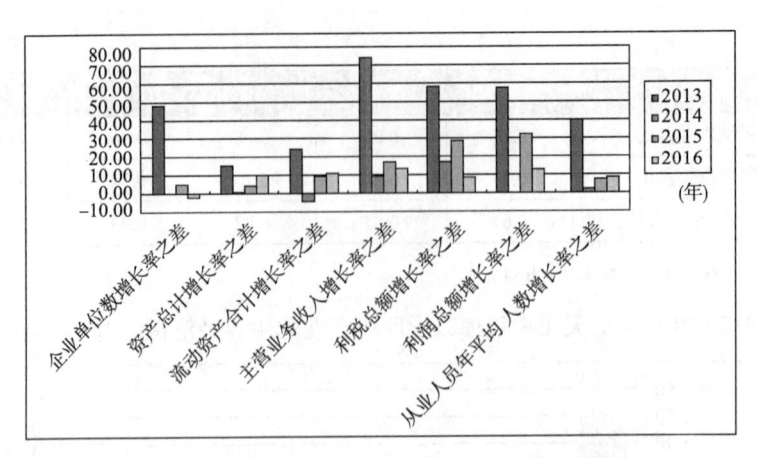

图 7-6　天津市规模以上企业主要经济指标增长率之差

表 7-9　天津市规模以上企业主要效益指标之差

年　度	总资产贡献率 /%	资产负债率 /%	流动资产周转次数 / 次	工业成本费用利润率 /%	产品销售率 /%
2012	-7.6	-3.9	-0.5	-1.0	4.7
2013	-4.0	-1.1	0.1	-1.4	2.2
2014	-1.7	-2.6	0.4	-2.0	1.2
2015	1.4	-8.4	0.6	-1.0	3.4
2016	-0.1	-9.6	0.6	-1.2	1.8

资料来源：根据表 7-3 和表 7-6 数据计算

2012—2016 年，天津市规模以上印刷企业的总资产贡献率、工业成本费用利润率低于工业企业，流动资产周转次数、产品销售率高于工业企业，资产负债率低于工业企业。

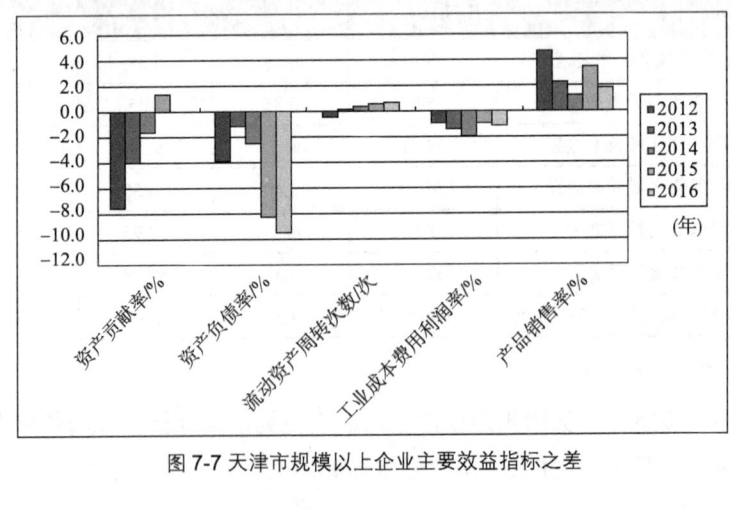

图 7-7　天津市规模以上企业主要效益指标之差

（二）天津市大中型印刷企业发展情况

1. 天津市大中型工业企业指标分析

表7-10　天津市规模以上工业企业主要经济指标　　　　单位：亿元

指标	2012年	2013年	2014年	2015年	2016年
企业单位数/个	994	1007	1014	977	907
资产总计	15608.01	17442.76	18391.59	19345.22	19177.41
流动资产合计	8104.15	9041.25	9448.64	9493.93	8702.69
主营业务收入	18371.71	21089.10	21840.83	20958.17	18670.49
利税总额	2887.83	3227.03	3067.05	2973.69	2672.72
利润总额	1838.01	1947.80	1944.93	1894.89	1719.81
从业人员年平均人数/万人	116.99	119.03	120.58	114.06	102.27

资料来源：天津市统计年鉴2013—2017

截止到2016年年底，天津市大中型工业企业907家，资产总计19177.41亿元。从业人员102.27万人。2016年实现主营业务收入18670.49亿元，利润总额1719.81亿元。

表7-11　天津市大中型工业企业主要经济指标增长率　　　　单位：%

指标	2013年	2014年	2015年	2016年
企业单位数增长率	1.31	0.70	-3.65	-7.16
资产总计增长率	11.76	5.44	5.19	-0.87
流动资产合计增长率	11.56	4.51	0.48	-8.33
主营业务收入增长率	14.79	3.56	-4.04	-10.92
利税总额增长率	11.75	-4.96	-3.04	-10.12
利润总额增长率	5.97	-0.15	-2.57	-9.24
从业人员年平均人数增长率	1.74	1.30	-5.41	-10.34

2013—2016年，天津市大中型工业企业主要经济指标增长率呈逐年下降的趋势，2016年各指标增长率均为负数。

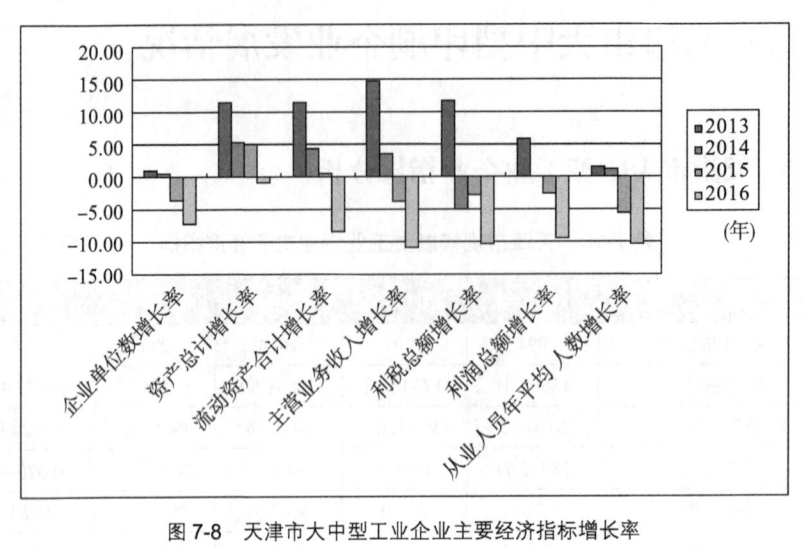

图 7-8 天津市大中型工业企业主要经济指标增长率

2. 天津市大中型印刷企业指标分析

表 7-12　天津市大中型印刷企业主要经济指标　　　单位：亿元

指标	2012 年	2013 年	2014 年	2015 年	2016 年
企业单位数 / 个	7	9	13	14	13
资产总计	27.13	27.27	29.24	31.42	35.84
流动资产合计	10.89	11.87	11.33	12.15	14.15
主营业务收入	19.88	35.57	43.59	51.85	41.20
利税总额	3.72	5.51	6.19	8.57	6.27
利润总额	2.86	3.77	4.21	5.34	4.09
从业人员年平均人数 / 万人	0.45	0.55	0.62	0.70	0.69

资料来源：天津市统计年鉴 2013—2017

　　截止到 2016 年年底，天津市大中型印刷企业 13 家，资产总计 35.84 亿元，从业人员 0.69 万人。2016 年实现主营业务收入 41.20 亿元，利润总额 4.09 亿元。

表 7-13　天津市大中型印刷企业主要经济指标增长率　　　单位：%

指标	2013 年	2014 年	2015 年	2016 年
企业单位数增长率	28.57	44.44	7.69	-7.14
资产总计增长率	0.52	7.22	7.46	14.07

续表

指　标	2013 年	2014 年	2015 年	2016 年
流动资产合计增长率	9.00	-4.55	7.24	16.46
主营业务收入增长率	78.92	22.55	18.95	-20.54
利税总额增长率	48.12	12.34	38.45	-26.84
利润总额增长率	31.82	11.67	26.84	-23.41
从业人员年平均人数增长率	22.22	12.73	12.90	-1.43

资料来源：根据表 7-12 数据计算

2016 年，天津市大中型印刷企业除资产外主要指标增长率为负数，发展形势不容乐观。

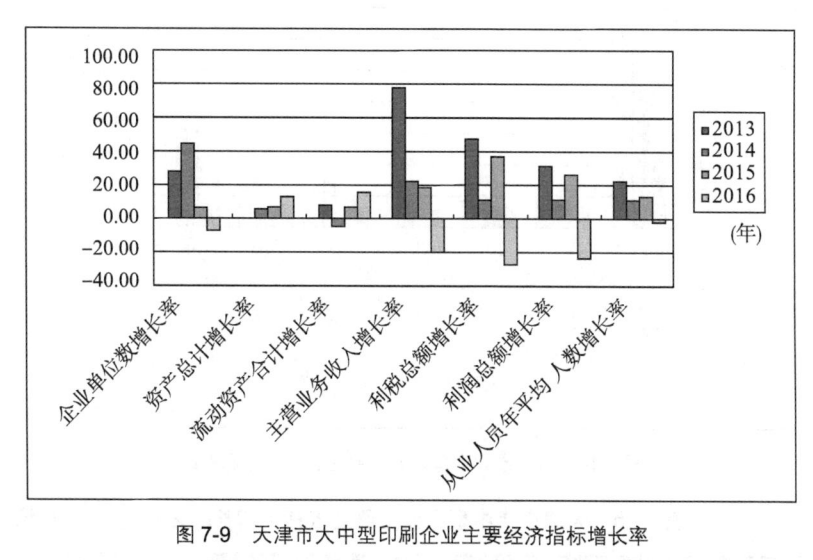

图 7-9　天津市大中型印刷企业主要经济指标增长率

3. 天津市大中型企业指标比较分析

表 7-14　天津市大中型印刷企业主要经济指标占比　　　　单位：%

指　标	2012 年	2013 年	2014 年	2015 年	2016 年
企业单位数占比	0.70	0.89	1.28	1.43	1.43
资产总计占比	0.17	0.16	0.16	0.16	0.19
流动资产合计占比	0.13	0.13	0.12	0.13	0.16

续表

指标	2012年	2013年	2014年	2015年	2016年
主营业务收入占比	0.11	0.17	0.20	0.25	0.22
利税总额占比	0.13	0.17	0.20	0.29	0.23
利润总额占比	0.16	0.19	0.22	0.28	0.24
从业人员年平均人数占比	0.38	0.46	0.51	0.61	0.67

资料来源：根据表7-10和表7-12数据计算

2012—2016年，天津市大中型印刷企业的主要经济指标占比整体上有所提高。

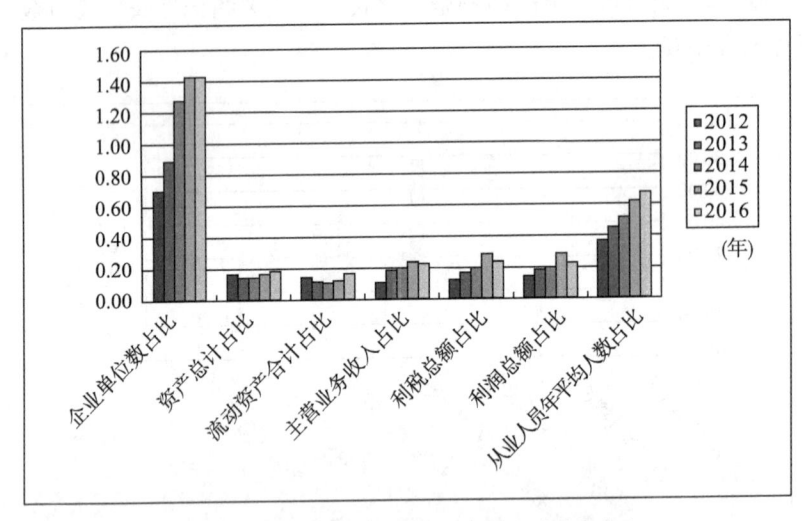

图7-10 天津市大中型印刷企业主要经济指标占比

表7-15 天津市大中型企业主要经济指标增长率之差　　　单位：%

指标	2013年	2014年	2015年	2016年
企业单位数增长率之差	27.26	43.75	11.34	0.02
资产总计增长率之差	-11.24	1.78	2.27	14.93
流动资产合计增长率之差	-2.56	-9.06	6.76	24.80
主营业务收入增长率之差	64.13	18.98	22.99	-9.62
利税总额增长率之差	36.37	17.30	41.49	-16.72
利润总额增长率之差	25.84	11.82	29.41	-14.17
从业人员年平均人数增长率之差	20.48	11.43	18.31	8.91

2013—2016年，天津市大中型印刷企业的主要经济指标增长率相对于大中型工业企业的主要经济指标增长率优势在下降，资产增长快于大中型工业企业，而收入和利润增长率逐渐低于大中型工业企业。

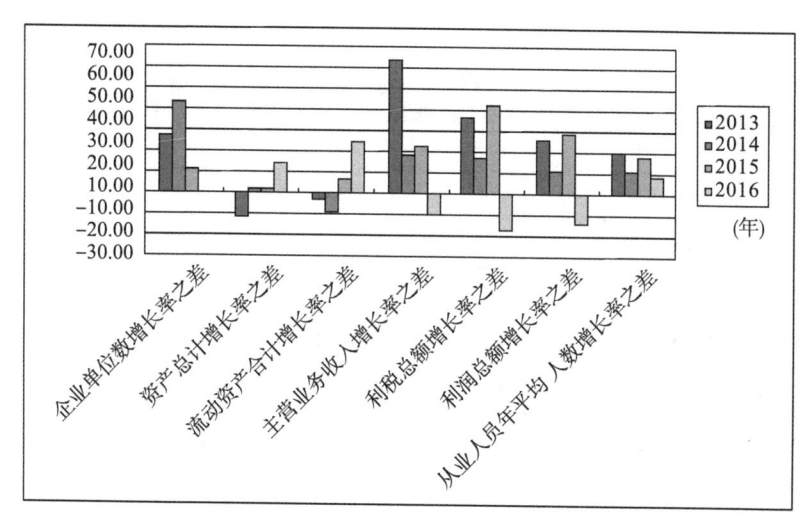

图 7-11　天津市大中型企业主要经济指标增长率之差

（三）天津市规模以上小微型印刷企业发展情况

1. 天津市规模以上小微型工业企业指标分析

表 7-16　天津市规模以上小微型工业企业主要经济指标　　　单位：亿元

指　　标	2012 年	2013 年	2014 年	2015 年	2016 年
企业单位数 / 个	4348	4504	4487	4548	4296
资产总计	4378.13	4945.43	5597.04	5897.76	5897.68
流动资产合计	2723.95	3026.41	3313.82	3574.27	3550.76
主营业务收入	5274.01	5989.32	6541.76	7011.41	7217.70
利税总额	428.10	498.22	519.75	541.40	550.69
利润总额	262.65	311.12	316.90	326.94	326.88
从业人员年平均人数 / 万人	43.24	44.12	43.50	43.75	41.14

资料来源：天津市统计年鉴 2013—2017

截止到2016年年底，天津市规模以上小微型工业企业4296家，资产总计5897.68亿元，从业人员41.14万人。2016年实现主营业务收入7217.70亿元，利润总额326.88亿元。

表7-17 天津市规模以上小微型工业企业主要经济指标增长率　　　单位：%

指标	2013年	2014年	2015年	2016年
企业单位数增长率	3.59	-0.38	1.36	-5.54
资产总计增长率	12.96	13.18	5.37	0.00
流动资产合计增长率	11.10	9.50	7.86	-0.66
主营业务收入增长率	13.56	9.22	7.18	2.94
利税总额增长率	16.38	4.32	4.17	1.72
利润总额增长率	18.45	1.86	3.17	-0.02
从业人员年平均人数增长率	2.04	-1.41	0.57	-5.97

资料来源：根据表7-16数据计算

2013—2016年，天津市规模以上小微型工业企业的主要经济指标增长率整体呈下降趋势，2016年多项指标的增长率出现负数。

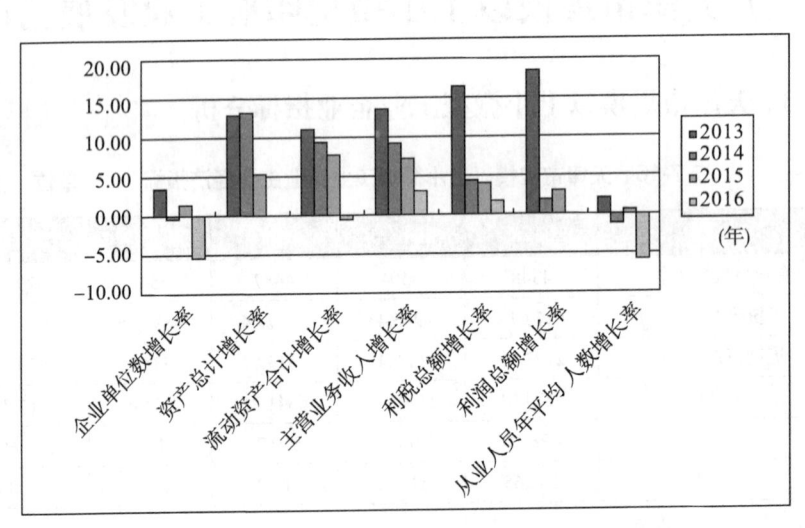

图7-12 天津市规模以上小微型工业企业主要经济指标增长率

2. 天津市规模以上小微型印刷企业指标分析

表7-18　天津市规模以上小微型印刷企业主要经济指标　　单位：亿元

指　标	2012年	2013年	2014年	2015年	2016年
企业单位数/个	50	77	73	77	70
资产总计	28.19	43.47	47.17	52.31	55.45
流动资产合计	14.75	22.90	23.79	27.09	26.84
主营业务收入	22.77	44.97	48.40	54.01	71.25
利税总额	1.43	3.29	3.83	4.16	6.41
利润总额	0.63	2.00	1.58	2.24	3.87
从业人员年平均人数/万人	0.53	0.83	0.80	0.77	0.77

资料来源：天津市统计年鉴2013—2017

截止到2016年年底，天津市规模以上小微型印刷企业70家，资产总计55.45亿元，从业人员0.77万人。2016年实现主营业务收入71.25亿元，利润总额3.87亿元。

表7-19　天津市规模以上小微型印刷企业主要经济指标增长率　　单位：%

指　标	2013年	2014年	2015年	2016年
企业单位数增长率	54.00	-5.19	5.48	-9.09
资产总计增长率	54.20	8.51	10.90	6.00
流动资产合计增长率	55.25	3.89	13.87	-0.92
主营业务收入增长率	97.50	7.63	11.59	31.92
利税总额增长率	130.07	16.41	8.62	54.09
利润总额增长率	217.46	-21.00	41.77	72.77
从业人员年平均人数增长率	56.60	-3.61	-3.75	0.00

资料来源：根据表7-18数据计算

整体来看，天津市规模以上小微型印刷企业的主要经济指标增长率较高，2016年主营业务收入、利税总额、利润总额均保持较高的增长。

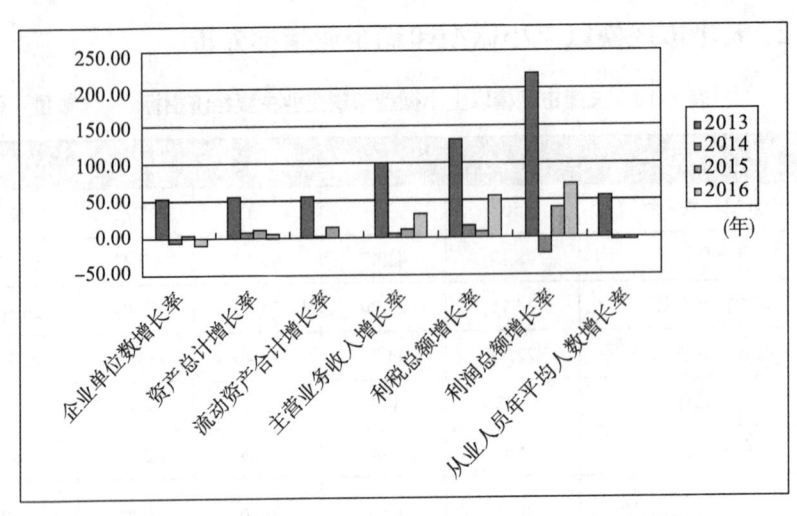

图 7-13　天津市规模以上小微型印刷企业主要经济指标增长率

3. 天津市规模以上小微型企业指标比较分析

表 7-20　天津市规模以上小微型印刷企业主要经济指标占比　　单位：%

指　　标	2012 年	2013 年	2014 年	2015 年	2016 年
企业单位数占比	1.15	1.71	1.63	1.69	1.63
资产总计占比	0.64	0.88	0.84	0.89	0.94
流动资产合计占比	0.54	0.76	0.72	0.76	0.76
主营业务收入占比	0.43	0.75	0.74	0.77	0.99
利税总额占比	0.33	0.66	0.74	0.77	1.16
利润总额占比	0.24	0.64	0.50	0.69	1.18
从业人员年平均人数占比	1.23	1.88	1.84	1.76	1.87

资料来源：根据表 7-10 和表 7-18 数据计算

2012—2016 年，天津市规模以上印刷企业的主要经济指标占比整体上有所提高。

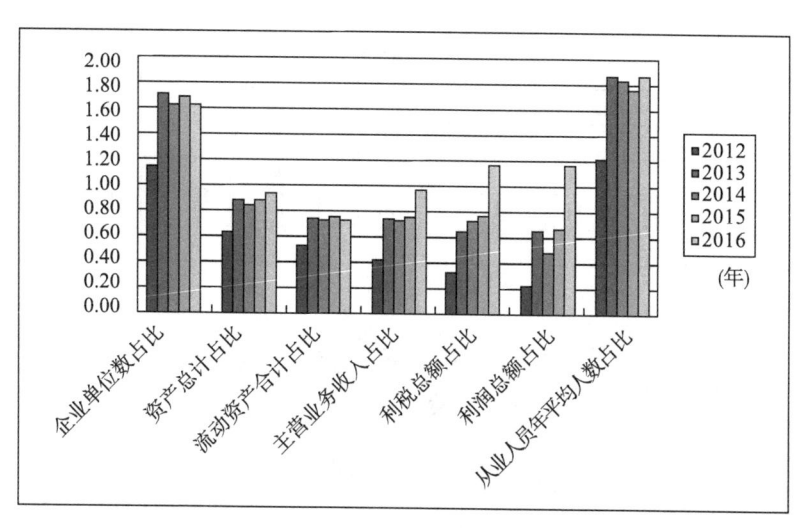

图 7-14 天津市规模以上小微型印刷企业主要经济指标占比

表 7-21 天津市规模以上小微型企业主要经济指标增长率之差　　单位：%

指　　标	2013 年	2014 年	2015 年	2016 年
企业单位数增长率之差	50.41	-4.82	4.12	-3.55
资产总计增长率之差	41.25	-4.66	5.52	6.00
流动资产合计增长率之差	44.15	-5.61	6.01	-0.27
主营业务收入增长率之差	83.93	-1.60	4.41	28.98
利税总额增长率之差	113.69	12.09	4.45	52.37
利润总额增长率之差	199.01	-22.86	38.60	72.79
从业人员年平均人数增长率之差	54.57	-2.21	-4.32	5.97

资料来源：根据表 7-17 和表 7-19 数据计算

2013—2016 年，多数情况下规模以上小微型印刷企业的主要经济指标增长率高于工业企业。

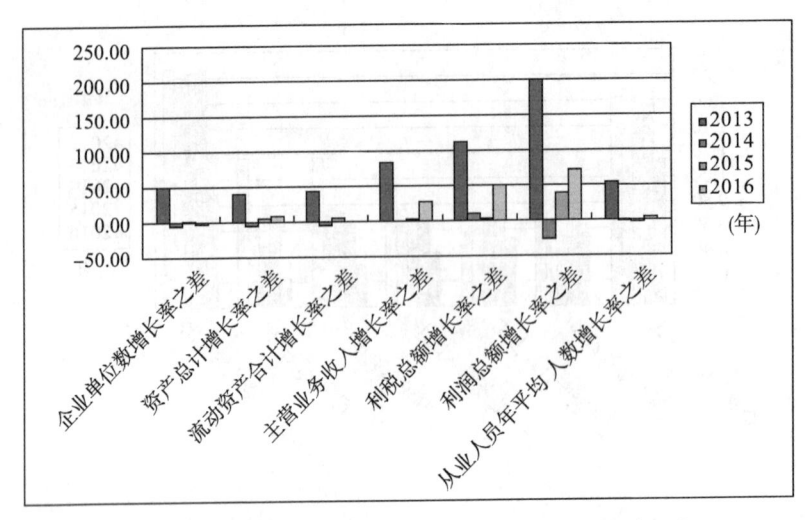

图 7-15　天津市规模以上小微型企业主要经济指标增长率之差

整体来看，天津市规模以上印刷企业这几年相对规模以上工业企业发展要好，特别是规模以上小微型印刷企业保持了较快的增长，主要经济指标占比有所提高，印刷业的发展仍有一定的发展空间，如何利用京津冀协同发展的机遇，紧密结合天津市产业发展的实际，提升天津市印刷业发展水平，有所为有所不为，是天津市印刷发展需要重点思考的问题。

（四）天津市印刷业发展定位

近年来，天津市印刷业获得了较快的发展，印刷产业规模和生产能力不断扩大，产业聚集效应不断显现，印刷市场成熟度不断提高，市场机制在印刷产业资源配置中的作用逐步显现，印刷对外加工贸易呈稳步上升势头，印刷产业有了长足发展。

截至2016年年底，天津市印刷企业资产总额302.26亿元，同比增长3.38%；印刷工业总产值223.17亿元，同比增长10.52%。根据2017年印刷企业年度核验报告可以看出，天津市参加核验的印刷企业为1588家，从业人员4.2万人。天津市印刷企业中，出版物印刷企业104家，出版物专项企业7家，专营数字印刷企业17家，包装装潢印刷企业968家，其他印刷品印刷企业492家。天津市印刷企业以包装装潢印刷为主，其次是出版物印刷和其他印刷品印刷。

2016年，天津有5个区所属印刷企业工业总产值超过10亿元，分别是滨海新区、东丽区、北辰区、武清区、宝坻区，印刷业主要分布于天津东部和北部地区。随着京津冀协同发展战略的实施，这些区域的产业聚集特征和发展势头更加凸显，成为拉动天津印刷工业发展的基础。同期，天津市规模以上（年印刷产值5000万元以上）的印刷企业88家。其中，年印刷产值超亿元企业45家，同比增长45.16%。按经营类别划分，规模以上印刷企业中，包装装潢印刷企业79家，约占总数的89.77%；出版物印刷企业8家，约占总数的9.09%。88家规模以上重点印刷企业的工业总产值为132.19亿元，占全市印刷工业总产值的59.23%。规模以上重点印刷企业工业总产值占全市印刷工业总产值一半以上，成为天津印刷产业中的骨干力量。规模较大的印刷企业发展较好，他们依靠先进的设备、现代化的管理、良好的信誉和产品品质，有效抵御了市场低迷带来的冲击，销售收入保持稳定增长。而管理落后、设备陈旧、市场定位不准的企业则出现较明显的效益下滑，并有部分企业停产倒闭。

2016年，天津市出版物印刷企业、其他印刷品企业的销售、利润略有下滑，包装装潢、数字印刷企业保持上升趋势，特别是包装装潢印刷企业数量、工业总产值分别占到天津印刷业总数的60.96%和87.51%。天津市印刷业朝着包装装潢印刷企业比例增大的方向发展。天津印刷业不断贯彻绿色发展理念，推动全行业印刷技术标准化和绿色印刷标准化建设，促进行业整体素质的提高，努力探索融合发展、创新发展的新路径。天津市把握供给侧结构性改革机遇，积极引导印刷业在结构性改革、加快转型升级方面取得突破。同时遵循低碳、节能、环保的绿色印刷发展要求，积极推进绿色印刷企业认证工作，发展更多更好的绿色印刷企业。按照现代化印刷企业标准，做大做强天津北辰新闻出版装备产业园，东丽印刷工业园，滨海新区、武清区纸制品印刷功能区，西青区、津南区印刷产业聚集区，南开区数字印刷产业聚集区等，使其具有地区引领作用，利用天津独有的地理优势重点做强印刷产业群。

实现京津冀协同发展的目标，是面向未来打造新型首都经济圈、实现国家发展战略的需要。天津将利用现有的产业基础，提升印刷产业规模化、集约化、专业化水平，突出专精特色，淘汰落后产能，提升产业层次，形成定位准确、各具特色、优势互补、协同配套的环渤海印刷产业群，为京津冀经济协同发展、全面实现绿色印刷奠定基础。

天津市的包装装潢印刷具有较大的优势和发展潜力，出版物印刷的重点是通过转型升级实现精品化和高端化，数码印刷以及印刷电子等新型功能印刷也是天津未来重点发展的业务类型。

第八章 京津冀印刷业协同发展现状与关键问题分析

（一）京津冀印刷业协同发展现状

京津冀印刷业协同发展是京津冀产业协同发展的一部分。京津冀印刷业协同发展在中央和三省市的积极推动下，开始尝试产业转移和对接的问题，政府、行业主管部门、行业协会以及一些领先的印刷企业都开始参与到京津冀印刷业协同发展工作中。京津冀印刷业协同发展是以北京疏解非首都功能，河北承接首都产业转移并实现产业升级为特征。

2016年，为做好推进新闻出版广电产业京津冀协同发展疏解承接工作，河北成立专业机构，主动对接京津，承接京津地区文化产业转移项目，为对接中的政策落地、项目落地铺平了道路。2016年11月2日举行的新闻出版广电在京企业疏解河北对接会，标志着河北新闻出版产业园区迈入招商引资的实质性落地阶段。以绿色印刷、数字印刷、按需印刷为重点，积极发展印刷产业；以电子商务和流通网络建设为重点，积极发展新闻出版流通和物流产业；以园区、基地基础设施建设为重点，积极发展文化创意和影视剧制作服务产业；以新闻出版广电云平台建设为重点，积极发展现代传媒信息服务产业。借助土地、区位、交通、资源等优势，河北高质量承接北京印刷企业，河北对重大产业转移项目开通"绿色通道"，包括入驻河北省级以上园区、自身具备资质和影响力的规模企业等。项目准入、行政审批、政策扶持、"一站式"办理、"保姆式"服务，河北全力做好服务，力求最大可能保障转移企业的利益，实现多方共赢。在承接北京市印刷业转移的过程中，把满足绿色印刷环保要求作为优先考虑的条款，借此推动河北省绿色印刷产业发展。由此，一系列绿色环保项目将在河北落地：河北省新闻出版广电局与环保部签订《推动绿色印刷战略合作协议》，河北省出版传媒集团与中科院纳印（北京）技术服务有限公司签订《绿色印刷制版创新服务平台合作意向书》等。在新闻出版广电在京企业疏解河北的对接会上，来自河北的5个印刷产业园区相关负责人向与会的500位北京印刷企业家展内功、"抛绣球"。这标志着河北新闻出版园区走出省级大门，迈入推荐园区、招商引资的实质性落地阶段。河北国家级数字印装产业园等八大印刷出版和发行物流园区，廊坊（香河）国华影视基地、大厂影视产业园等六大影视动漫园区，大厂潮白河经济开发区、廊坊龙河高新区文化创意产业园等四大综合性园区，18个相关产业园区分布在河北廊坊、沧州、衡水、唐山、保定、秦皇岛、承德等地，形成了覆盖主要城市、打通新闻出版广电全产业链的格局。

在京津冀协同发展的大背景下，一批印刷企业率先试水，迈出京津冀印刷业协同发展的第一步，起到了带头和示范作用。2012年，北京鹏润印刷有限公司入驻肃宁园区；2015年，北京盛通印刷股份有限公司设立控股子公司盛通（廊坊）出版物印刷有限公司，进驻河北；2016年，北京市庆全新光印刷有限公司、北京盛彩捷印刷有限公司等10多家企业入驻故城园区；北京京华虎彩印刷有限公司迁入廊坊固安；人民教育出版社印刷厂迁入唐山丰润；北京市鼓楼印刷有限公司迁入廊坊大厂；2017年，北京市有100多家中小印刷企业退出或外迁河北、天津等。另外，北京、天津、河北三省市印刷业协会也积极参与京津冀印刷业协同发展，开展调研交流，举办绿色印刷交流以及行业对接活动，为政府做好产业疏解以及协同发展等工作积极建言献策，服务印刷企业发展。

整体来看，京津冀印刷业协同发展在京津冀三省市工作大局中所占分量不高，没有列入到战略性产业发展之中，还没有形成比较权威和有效的协同机制，协同的高度以及工作的整体性、有效性还有很大差距，印刷业协同发展还处于初期阶段，还有大量的工作需要开展。

（二）政府层面的关键问题分析

党的十八大提出，要让市场在资源配置中起决定性作用，同时要更好地发挥政府的作用。地方政府既是地方发展战略的制定者，同时也是战略的执行者。长期以来，我国政府在经济和社会发展中起着主导作用，在资源配置中起着关键的作用。京津冀协同发展战略上升到国家战略层面，在中央形成了顶层设计和领导协调机构，地方政府具体按照中央的决策部署做好落实工作，目的就是打破各自为政和行政藩篱，破除一亩三分地的思维定式。京津冀三地政府按照中央的部署和京津冀协同发展规划纲要的要求，迅速行动，根据自身条件和发展思路，布局产业协同发展，也都做出了各自的发展规划和行动方案。不可否认，京津冀协同发展是大局，但是各级政府在具体落实京津冀产业协同发展的时候，依然会有各自的目标和优先发展产业的考虑。

按照经济学关于政府的一般观点，政府的目标包括经济增长、充分就业、物价稳定和国际收支平衡。对不同层级的政府以及不同的发展阶段，政府的具体目标还是有一定的差异。党的十八大以后，党中央提出治理能力现代化、五大发展理念以及五位一体总体布局等一系列新的治国理政的新观点、新方略，地方政府从片面追求经济增长和唯 GDP 转变到经济、政治、文化、社会、生态文明五位一体建设。在京津冀产业协同发展领域，政府层面的关键问题包括以下几方面。

（1）经济和财政收入方面的问题

在京津冀协同发展大局下，各地方政府之间既有合作关系，也存在着竞争和利益关系。经济始终是各地方政府关注的重要问题，通过发展产业和经济，形成产业集群和产业竞争优势，取得地方税收等财政收入，是政府更好地运转和发挥职能的基本保障。在京津冀协同发展中，各地都提出要发展高端智能制造业，有发展前景经济效益好的产业不愿意外迁，一般产业承接地不愿意承接，还有产业转移导致的税收减少等问题都是现实的问题。2015 年 6 月，财政部、国家税务总局印发《京津冀协同发展产业转移对接企业税收收入分享办法》，对政府主导的产业转移对接企业涉及的增值税、企业所得税、营业税三税地方分成部分制定了五五分成的办法，上限是迁出地企业迁出的前三年应缴三税地方分成的总和,期限是迁出企业完成工商和税务登记变更并达产后 3 年,最长不超过 5 年,这一办法部分解决了迁出地企业由于产业转移导致的地方税收减少的问题,但这只包括部分有地方政府主导并达到一定规模的企业,并没有解决所有由于产业转移带来的税收问题。在三地共同发展的产业领域,可能导致重复建设和相互竞争,如果不能协调好三地之间的关系,做到合理分工,可能会给未来带来更大的问题。

(2) 人口和就业方面的问题

人口特别是高素质人口是地方经济增长的重要资源,凡是经济发展具有活力、经济社会发展水平高的地方都是人口流入多的地区。一般来讲,地方政府都把创造就业为本地居民提供更多就业岗位作为地方政府的重要工作目标,较高的就业率意味着更多的收入和更大的消费能力,另外,就业也是影响社会稳定的重要条件之一。在京津冀协同发展中,由于北京人口众多,为了更好地实现首都功能和北京市城市功能,解决由于人口过多带来的交通、环境、社会治理、资源压力等问题,北京市需要通过非首都功能疏解和产业转移实现人口控制目标。对河北省而言,解决本地产业发展和就业问题以及吸引高素质人才都是政府重点考虑的工作。各地都希望留住或吸引高素质人才,为当前或未来产业发展服务,在这一方面,各地政府之间也存在竞争关系,解决这一问题的思路还是合理布局和分工,做到错位发展,不同的人才适合不同的地区和产业发展的需要,做到各取所需,人尽其才,各安其位,安居乐业。

(3) 环境保护和生态治理问题

近几年,随着新发展理念的贯彻落实和环境保护法制建设以及环保督查的加强,环境已经成为地方政府优先考虑的目标之一,环境已经成为刚性约束,环保对产业调整的影响以及环境生态效益逐渐显现。从征收排污费转变为征收环保税,意味着依法治污保护环境上升到一个新的高度,必然会影响地方政府和企业的行为。中央对地方政府环保责任的压实与考核,使得地方政府在考虑产业转移问题时都会考虑其带来的环境问题。在北京和天津对河北省的产业转移中,包装印刷产业由于 VOC 排放和治理问题被列入禁限目录,使得河北省在承接印刷业转移中对环境问题有所顾虑,河北省下属区县对待印刷产业的承接态度不一。所以,在京津冀产业协同发展中,一方面要加强三地协调,明确

第八章 京津冀印刷业协同发展现状与关键问题分析

环境标准，对于达不到环境标准的生产一律进行关停和整改，不能做有利自己而损害别人的事情，所以产业转移不是简单的易地搬迁，而是在转移的过程中实现产业的升级；另一方面，进一步完善生态补偿机制，平衡各方利益。

（4）公共服务与财政投入问题

地区之间的产业转移，涉及配套公共设施的建设、公共服务的提供，这需要在短时间内投入大量资金和资源，势必会增加地方政府的财政负担，各地为了吸引投资和产业转移，纷纷提出各种优惠条件，在短时间内收入难以收回前期支出。相对而言，北京和天津的基础设施条件和公共服务保障程度要高于河北，而在产业从北京和天津向河北转移的过程中，河北公共服务方面的投入就会比较大，如何提高河北省的公共服务水平以保障产业转移顺利进行，同时又能够获得足够的资金投入建设是一个现实问题。

（三）企业层面的关键问题分析

产业协同发展的关键，归根结底还是以企业为主体。在市场经济体制下，是市场机制和企业行为决定了产业发展的格局和水平。当前，京津冀区域出现京津强而河北弱的二元经济格局，除了北京作为首都和天津作为直辖市在行政资源配置上的优势外，在一定程度上也和经济自身的发展规律有关，也具有其一定的合理性，这就是规模经济效应和聚集经济效应在不断强化，导致各种要素不断地向北京和天津聚集，天津和北京的机会和效率远高于周边的河北省，导致强者恒强而弱者更弱。京津冀协同发展，就是要通过政府的顶层设计和战略协同，解决长期以来所造成的发展不平衡、不合理的问题，解决北京的大城市病以及京津冀发展不平衡的问题，但是，成功的产业协同还要充分尊重和发挥市场机制，政府发挥规划和引导的作用，通过市场机制和政府调节的有机结合实现预期目标。企业层面的问题，主要是企业作为一个自负盈亏、自主经营的市场主体，如何在政府政策的引领、规范与约束下，采取最有利于企业自身目标实现的行为，而这种行为如果符合政府的预期，则可以实现协同发展的目标，如果企业的行为不符合政府的预期，政策进行强力的干预，可能导致效率的损失。当前,对京津冀印刷业协同发展来说,主要的出发点还是立足于北京城市功能定位和非首都功能的疏解,同时满足北京构建高精尖经济结构的要求,在协同发展的过程中,实现京津冀地区整体印刷业的合理布局和分工,同时通过协同发展,实现京津冀三地印刷业规模、结构、效益优化,实现印刷业的智能化、绿色化、数字化、网络化,一批散、乱、污的印刷企业和印刷环节有效退出,一批优势印刷企业得到更好的发展壮大,新型的数码印刷、网络印刷快速成长,印刷业智能制造水平得到更大提升。在京津冀印刷业协同发展过程中,作为企业考虑的关键问题包括以下几项。

(1) 市场问题

在市场经济下,市场是企业存在和发展最关键的因素。对印刷业来说,市场化程度比较高,以中小企业为主,全国有各类印刷企业10多万家,京津冀地区各类印刷企业众多,企业之间的竞争比较激烈。印刷业是根据客户需求的订单型生产,满足客户需求与客户保持密切的联系和交互是印刷服务的基本要求,因此印刷业特别是出版物印刷或者商业印刷的服务半径不会太大,印刷业离客户越近,其服务质量越有保证,服务成本就越低,因此商业印刷一般分布在城市核心功能区附近,出版物印刷一般在城市功能拓展区,包装装潢印刷靠近其客户也有利于其业务活动的开展。北京作为文化中心,经济发展水平高,市场规模大,消费能力强,是出版物印刷、商业印刷甚至包装装潢印刷的重要市场,因此在北京的通州、大兴、顺义等地印刷业非常集中,另外靠近北京的河北廊坊等也是印刷业集中之地,主要承接北京的相关业务。对北京的印刷企业而言,在北京经营有其天然的优势,除非不得已,很难想象北京的印刷企业会自愿离开北京外迁河北、天津。北京的资源、发展和市场机会,几乎是所有的印刷企业都难以割舍的,北京疏解印刷企业,对企业来说,第一考虑的就是可能失去客户、市场和发展机会,除非外迁还能够保持市场同时能够带来成本降低等其他好处,否则依靠行政命令无法使印刷企业主动转移。

(2) 成本问题

对印刷企业来说,在其他因素不变的情况下,成本水平的高低决定了企业的竞争优势大小和盈利能力的高低。近年来,由于印刷业的快速发展,印刷业生产能力不断扩大,整体上出现过剩现象,印刷工价多年未变,企业之间相互压价现象比较普遍，导致印刷业亏损问题日益突出，印刷业的毛利率和净利率相对不高，成本成为企业经营中非常重要的因素。印刷业协同发展过程中，如果北京印刷企业采取搬迁形式，则涉及搬迁成本、新增加的厂房和设备投资、由于远离客户导致的物流成本以及可能的交易成本等，如果搬迁的成本过大，搬迁带来的好处不足以抵消成本的增加，则印刷企业的积极性就会比较低。

（3）人才的流失问题

近年来，由于服务业的发展以及"互联网+"带动的相关产业的发展，传统制造业面临比较严重的招工难问题，一些人才从印刷业流失到其他行业，一些印刷人才从这个印刷企业流动到其他印刷企业，已经影响到印刷企业的经营和发展。如果从北京转移到更远的河北，势必会导致一些核心技术和管理人才的流失，这有可能直接导致一些印刷企业无法经营，为了避免人才流失，必须提供更高的薪酬待遇和条件，势必导致企业的人工成本进一步攀升，即便是一般员工，从北京迁移到河北，其综合收入水平在工资刚性约束下也很难减少，在本地可能难以招到熟练的技术工人，这就使得河北的成本优势进一步缩小。人才问题是印刷企业转移中不得不考虑的问题。

（4）营商环境问题

营商环境是指伴随企业活动整个过程（包括从开办、营运到结束的各环节）的各种周围境况和条件的总和。营商环境包括影响企业活动的社会要素、经济要素、政治要素和法律要素等方面，是一项涉及经济社会改革和对外开放众多领域的系统工程。一个地区营商环境的优劣直接影响着招商引资的多寡，同时也直接影响着区域内的经营企业，最终对经济发展状况、财税收入、社会就业情况等产生重要影响。概括地说，包括影响企业活动的法律要素、政治要素、经济要素和社会要素等。良好的营商环境是一个国家或地区经济软实力的重要体现，是一个国家或地区提高综合竞争力的重要方面。北京作为国家首都和国际性大都市，行政效率高，法制化程度高，人员素质高，各种配套资源齐全，具有其他地方无法比拟的资源优势和营商环境。河北相对北京来说，无论在资源、人员素质、思想观念、行政效率等方面都具有一定的差距，对北京的企业来说，从营商环境优良的北京到营商环境一般的河北，需要克服一定的困难。

（四）京津冀印刷业协同发展机制

　　产业的协同发展，自有其内在的逻辑，是外部环境和内在发展共同作用的结果。京津冀印刷业协同发展，涉及的行为主体或者利益主体包括：三地各级政府（包括代表政府行使权力的各级行政部门）、各类印刷企业、产业园区、提供各类专业服务的机构等，其中最主要的是政府和印刷企业。产业协同发展，首先体现的是政府的发展诉求，但是要通过企业的参与才能实现，对企业来说，重要的不是产业的协同而是企业自身更好地发展，是企业追求自身经济利益的合理化行为，产业协同对企业来说更多的是结果而不是目的。产业协同发展的驱动力首先来自于政府等外部，称为外部驱动力。京津冀协同发展对京津冀三地政府来说是政治任务，地方政府要响应中央的号召并转化为战略规划、行动方案等实际行动，并且把这种压力或驱动力进行层层传导，影响到企业的行为及决策。对北京市来说，产业发展方面最重要的任务是构建高精尖经济结构，发展先进制造业和高端制造业，有效疏解非首都功能，对一般性制造业采取多种手段进行搬迁、清理、改造、提升，优化北京市产业布局，提质增效。对天津市来说，也存在对现有产业进行重新规划并通过有计划地承接北京市产业转移，补足自身发展短板，实现高水平、高质量发展的需要。在京津冀协同发展中，核心是北京，其次是天津，河北有选择性地承接北京和天津的产业转移，在此过程中实现产业规模扩大和产业发展水平的提升。产业协同发展的另外一个驱动力是企业自身发展的需要。对于相对劣势的企业来说，往往被疏解、被转移，可能是无奈之举，往往动力不足，对于不断发展和扩张的优势企业，通过扩区域布局可以突破企业发展的空间限制，获得更多的发展机会和发展利益，可能会主动进行扩张、重组和对业务的再布局，甚至发展全新的业务，这一驱动力是内在的，如果企业自身发展的需求契合政府的目标，则政府行为会进一步放大企业行为，实现更好更快的发展。区域发展不平衡和产业发展不平衡是产业转移和协同发展的基础和前提。发展不平衡是客观现实，也符合经济社会自身发展的规律，适度的差异所蕴藏的机会有利于发挥市场机制对资源进行重新配置，从而创造新的价值，过大的差异反过来也会阻止这种机制的发挥，对于政府来说，就是要利用各种政策手段来调整由于区域差异而影响企业行为的各种变量的大小，引导企业按照政府的调控思路去发展。产业协同的基本机制

第八章 京津冀印刷业协同发展现状与关键问题分析

是区域发展不平衡和产业发展不平衡提供产业重新布局的可能性（或机会），政府为了宏观或中观的目标，利用各种政策手段调整可能影响企业决策的变量，企业根据市场经济规律和自身目标函数、约束条件以及决策规则进行决策，企业决策改变产业的布局、结构以及绩效，政府和企业根据新的结果和环境的变化对自身的行为进行调整。因此，产业的协同发展是一个有多主体参与、多目标决策、多约束条件、多反馈修正的渐进演化的系统。政府可以利用的政策手段包括规划、产业政策、土地、财税、金融、环保、人力、价格、商事、创新等具体政策手段。企业的行为包括退出、转移、并购、投资、重组、联营、合作、联盟等。

第九章 京津冀印刷业协同发展对策

（一）京津冀印刷业协同发展目标

京津冀印刷业协同发展是站在京津冀整体角度上来看印刷业的发展，通过协同，要实现京津冀印刷业整体布局优化、整体规模扩大、整体效益提升、使京津冀在印刷业发展中发挥出各自优势，满足京津冀三地城市功能定位，提升京津冀印刷业在中国乃至世界上的地位，使京津冀地区成为我国环渤海地区高端印刷创意设计中心、先进印刷设备与材料研发中心、高端印刷生产加工与物流配送中心，到 2025 年，京津冀印刷业率先实现绿色化、智能化、数字化、网络化，印刷业综合效益指标达到国内领先水平和国际先进水平。

（二）京津冀印刷业发展定位和空间布局优化

目前，京津冀印刷业的空间布局不够合理，特别是在京津冀协同发展背景下京津冀的城市定位存在一些错位，印刷企业规模较小，相对比较分散，存在散、乱、污等问题，影响整个印刷业的形象，也存在比较突出的环境污染和治理问题，通过京津冀协同发展，做好京津冀印刷业发展定位，同时优化空间布局，这是一次难得的机遇。首先，要明确京津冀三地印刷业发展的定位，然后在定位的基础上考虑印刷业的空间布局优化。

结合北京的四个中心建设、北京印刷业发展基础以及北京非首都功能疏解和构建高精尖经济结构多方面的因素，北京市印刷业的发展定位应该是高端印刷创意设计中心，包括出版物印刷创意设计、包装装潢印刷和其他印刷创意设计等，北京部分出版物印刷和大多数包装装潢印刷的生产加工环节应有序转移到河北等相关地区，保留设计、研发、管理、营销、客户服务等相关职能，为了更好地发挥印刷业对四个中心建设的服务保障功能，北京市可以保留的生产加工环节是部分安全印刷以及能耗和排放水平较低、绿色化程度较高的数码印刷。

天津的城市功能定位是：全国先进制造研发基地、北方国际航运核心区、金融创新运营示范区、改革先行示范区。结合天津市的先进制造研发基地定位以及天津在印刷设备、印刷材料领域的产业优势，天津市印刷业发展定位为先进印刷设备与材料研发中心，现有出版物印刷和包装装潢印刷发展的重点是按照绿色化、智能化、网络化、数字化进行改造升级，重点发展先进印刷设备和材料以及新兴的功能印刷，适度发展现代商业印刷和数码印刷，服务天津城市经济和社会发展。

河北省的定位是：全国现代商贸物流重要基地、产业转型升级试验区、新型城镇化与城乡统筹示范区、京津冀生态环境支撑区等。河北省现有的产业结构偏向工业，尤其偏向重化工业。由于毗邻京津，河北省服务京津的印刷业也比较集中，出版物印刷、包装装潢印刷整体规模较大，具有一定的实力和发展基础。由于河北省在京津冀协同发展过程中主要承接京津的产业转移，相对具有优势的是生产加工环节和物流配送环节，因此，河北省印刷业的发展定位是高端印刷生产加工与物流配送中心，重点是高端出版物印刷和包装装潢印刷，适度发展服务京津和本地市场的其他印刷和数码印刷。

京津冀印刷业现有的空间布局反映了印刷业自身发展和各地区经济产业发展的结果，既具有一定的合理性，也存在一定的问题，主要问题是产业的雷同和重复，没有围绕价值链进行专业化分工，企业规模偏小，在各自区域内分布相对散乱，存在散、乱、污的情况，通过京津冀印刷业协同发展，要在明确各自发展定位的基础上，首先规划好京津冀三地的整体空间布局，然后再做好各自区域内的布局调整，形成产业发展区或发展带。根据北京市新的城市发展规划，提出加强重点领域产业对接协作，依托京津、京保石、京唐秦等主要通道，推动制造业要素沿轴向集聚，协同建设汽车、新能源装备、智能终端、大数据、生物医药等优势产业链。构建"4+N"产业合作格局。聚焦曹妃甸区、北京新机场临空经济区，张家口、承德生态功能区，滨海新区4个战略合作功能区，引导企业有序转移、精准对接，实现重大合作项目落地。京津冀印刷业协同发展的空间布局，也应该在这一指导原则下进行设计。

京津印刷业发展轴：北京大兴区重点是出版物印刷，包装装潢印刷逐步转移到河北廊坊，河北廊坊重点是包装装潢印刷和出版物印刷，天津武清等京津发展轴沿线地区，重点是印刷设备、材料研发生产和一定规模的出版物印刷、包装装潢印刷，天津滨海新区重点是包装装潢印刷。

京唐秦印刷业发展轴：北京通州区等重点是出版物印刷和数码印刷，包装装潢印刷逐步转移到河北廊坊北三县和天津宝坻区，河北廊坊北三县重点是出版物印刷和包装装潢印刷，天津市宝坻区、河北省唐山市及秦皇岛市重点发展包装装潢印刷以及印刷设备、材料等。

京保石印刷业发展轴：北京丰台区、房山区重点发展数码印刷等先进的商业印刷，现有出版物印刷和包装装潢印刷逐步转移到河北保定地区，保定重点是包装装潢印刷和出版物印刷，石家庄重点是数码印刷和包装装潢印刷。

具体空间布局方面，企业选址主要位于京津冀三省市现有国家级和省级经济技术开发区，在这三个重点发展轴上的经济技术开发区有北京经济技术开发区、北京良乡经济开发区、北京房山工业园区、北京通州经济开发区、北京大兴经济开发区、东丽经济技术开发区、北辰经济技术开发区、武清经济技术开发区、天津宝坻经济开发区、石家庄经济技术开发区、唐山曹妃甸经济技术开发区、秦皇岛经济技术开发区、廊坊经济技术开发区、保定高新技术产业开发区、燕郊高新技术产业开发区和河北省省级经济技术开发区等。要根据各个开发区的定位、招商政策、配套环境和入园企业的情况考虑印刷企业的布局，以形成印刷业和其他产业的合作服务关系。

（三）京津冀印刷业协同发展的对策建议

第一，做好京津冀城市规划以及产业协同发展规划的编制与对接。各地应

第九章 京津冀印刷业协同发展对策

根据《京津冀协同发展规划纲要》的精神和要求，做好省级发展规划以及市县级发展规划，将城市发展规划和产业发展规划紧密对接，特别是京津、京冀、津冀相邻地区的规划要统一起来，建立统筹协调机制，加强重点领域合作，做到统一规划、统一政策、统一管控，实现统筹融合发展。

第二，在中央层面京津冀协同发展机构的领导下，建立健全京津冀协同发展协调沟通机制，明确责任主体、协调沟通的内容、方式，推动京津冀协同发展规划以及各省市规划的落实，推动京津冀协同发展中重点工作和具体工作的落实，可以根据工作性质和内容成立环境组、产业组、交通组等，通过协调沟通机制，建立政策协同机制、资源协同机制、市场协同机制等，促进京津冀协同发展落到实处。

第三，京津冀三地印刷业的主管部门和印刷业行业协会为主成立京津冀印刷业协同发展工作小组，对京津冀现有印刷业进行全面的调查，摸清企业底数和经营状况，根据京津冀三地产业发展的整体布局和规划，制定印刷业发展的具体规划、布局，明确企业搬、转、留、退的具体标准。部分企业实施易地搬迁，有序转移；部分企业进行转型升级，转移生产环节，强化研发和服务功能；部分企业留下来继续发展；部分企业要彻底退出，腾退出空间。对北京来说，城市核心功能区的一般性印刷企业的生产环节要整体搬迁，非核心区处于各个经济技术开发区或产业园区之外的分散的印刷企业，要进行整体搬迁腾退，一种是搬到北京印刷业相对集中的大兴、通州、顺义等经济开发区或产业园区，另外一种是搬迁到河北或天津合适的开发区或产业园区，政府制定相应的搬迁腾退政策或给予一定的优惠条件或补偿。

第四，对印刷企业进行分类管理，对出版物印刷和安全印刷等特殊印刷加强资质管理和更严格的许可管理，根据出版物印刷市场的需求及变化，对出版物印刷企业进行总量控制和合理布局，提高从事出版物印刷企业的规模和技术水平要求，落实出版物印刷许可和登记备案制度等，京津冀三地统一出版物印刷审批和许可标准，统一监管要求，搭建统一的业务管理系统和平台，提高协同管理的效率。引导、扶持包装装潢印刷企业跨地区并购、重组、合作发展，严格落实产业禁限目录，淘汰落后生产工艺和生产环节，关停清理散乱污的包装装潢印刷企业，为规模以上优势印刷企业创造更好的外部环境和发展空间。城市功能核心区重点发展数码印刷，对生产经营条件、环境标准、服务水平、经济效益、场所位置等进行综合审核。

第五，加快京津冀印刷业绿色印刷认证力度，到2025年，京津冀所有印刷企业和印刷产品达到绿色印刷标准，2020年规模以上出版物印刷和包装装潢印刷企业和产品全部实现绿色印刷。对于不能按期达到标准的企业，企业年检不合格，不能继续从事相关印刷业务和经营活动。

第六，探索设立京津冀产业协同发展专项资金，完善产业转移税收共享的办法。为了促进京津冀产业协同发展，可以由三地政府根据财力和受益大小，共同出资设立京津冀产业协同发展专项资金，用于对主动进行产业转移和协同的企业进行专项补贴和资金支持。现有的《京津冀协同发展产业转移对接企业税收收入分享办法》只对由迁出地区政府主导、符合迁入地区产业布局条件、且迁出前三年内年均缴纳"三税"大于或等于2000万元的企业，纳入分享范围。由于印刷企业以中小企业为主，很难达到以上税收收入分享办法的规定，可以考虑对主动进行产业转移、符合印刷业发展整体布局和规划的企业纳入税收收入分享，或者参考税收收入分享测算的额度内通过地区间财政转移支付的方法予以解决。

第七，加大对京津冀产业协同发展的金融支持，对主动进行产业转移的印刷企业优先贷款或者给予优惠贷款，或者利用政府通过财政资金对企业转移增加的贷款利息支出进行补贴。在税收方面，北京也将加大疏解搬迁企业的支持力度，给予企业疏解搬迁、资产处置等方面一定的税收优惠。

第八，加大京津冀公共服务一体化和均等化，加大对产业转移承接地的公共服务设施建设和财政投入，优化产业转移承接地的营商环境，改进政府服务，为产业转移对接提供优良服务，简化流程，提高审批办事效率，为产业转移和项目落地提供各种专业化服务。做好产业中职工的社保、居住、医疗、子女教育等涉及职工切身利益的问题，为吸引和留住人才提供切实政策保障。

第九，利用多种政策手段淘汰落后印刷产能，进一步完善印刷企业退出机制，明确淘汰标准、量化淘汰指标、加大淘汰力度。对于主动响应号召、主动退出淘汰落后产能的印刷企业给予一定的奖励或给予一定的处置收益税收优惠，引导生产经营困难、技术落后的企业主动退出。

第十，鼓励和支持京津冀区域内优势印刷企业符合京津冀印刷业协同发展方向的产业投资、并购、重组、合作等经营活动，破除市场和行政壁垒，构建统一开放、公平竞争的市场环境和市场秩序，促进优势印刷企业做大做强，发挥引导和示范作用。

参考文献

[1] 纪良刚,许永兵等.京津冀协同发展:现实与路径[M].北京:人民出版社,2016.

[2] 齐子翔.京津冀协同发展机制设计[M].北京:社会科学文献出版社,2015.

[3] 连玉明.京津冀协同发展的共赢之路[M].北京:当代中国出版社,2015.

[4] 叶堂林.京津冀协同发展的基础与路径[M].北京:首都经济贸易大学出版社,2015.

[5] 陈璐.京津冀协同发展报告[M].北京:社会科学文献出版社,2017.

[6] 郑新业,魏楚.京津冀协同发展背景下功能疏解与产业协同[M].北京:科学出版社,2016.

[7] 董志良,陆刚.网络经济背景下京津冀产业协同发展研究[M].北京:经济科学出版社,2015.

[8] 张伯旭.京津冀协同创新背景下首都高端产业发展研究[M].北京:中国经济出版社,2016.

[9] 王得新.新型分工视角下京津冀区域产业一体化研究[M].北京:首都经济贸易大学出版社,2016.

[10] 京津冀协同发展指数课题组.京津冀协同发展指数报告[M].北京:中国社会科学出版社,2017.

[11] 文魁,祝尔娟.首席专家论京津冀协同发展的战略重点[M].北京:首都经济贸易大学出版社,2015.

[12] 刘瑞.京津冀协同发展背景下的首都经济结构调整路线图[M].北京:经济管理出版社,2016.

[13] 阎庆民,张晓朴.京津冀区域协同发展研究[M].北京:中国金融出版社,2017.

[14] 文魁,祝尔娟.京津冀协同发展报告(2016)[M].北京:社会科学文献出版社,2016.

[15] 赵弘. 推动京津冀协同发展的理论和实践 [M]. 北京：北京人民出版社，2016.

[16] 吴传清等. 增长极理论在中国的新发展：基于学说史视角的考察 [J]. 贵州社会科学，2013，10：47—52.

[17] 刘月等. 空间经济学视角下的产业协同集聚：一个文献综述 [J]. 江淮论坛，2017，3：47—53+193.

[18] 魏丽华. 城市群理论与实践演进史梳理 [J]. 湖北社会科学，2016，7：79—86.

[19] 欧阳晓，生延超. 城市群理论研究新进展 [J]. 经济学动态，2008，8：104—108.

[20] 李春梅，王春波. 产业转移理论研究述评 [J]. 甘肃理论学刊，2015，5：138—141.

[21] 柳建文. 构建京津冀协同发展的社会机制 [J]. 中国社会科学报，2017，4：3.

[22] 张睿琦等. 京津冀协同发展的内涵、目标及实现路径——基于新兴古典经济学分析框架的思考 [J]. 经济论坛，2017，6：4—8.

[23] 郑功成. 京津冀协同发展关键是消除社会保障服务的政策壁垒 [J]. 中国人大，2017，8：42—43.

[24] 叶堂林等. 京津冀协同发展路径设计 [J]. 中国经济报告，2017，8：102—105.

[25] 宋立楠. 京津冀产业协同发展的动力机制研究——基于协同学的视角 [J]. 河北地质大学学报，2017，5：102—107.

[26] 魏丽华. 京津冀产业协同发展困境与思考 [J]. 中国流通经济，2017，5：117—126.

[27] 邓丽姝. 京津冀产业协同发展战略研究 [J]. 生产力研究，2017，7：64—69.

[28] 化蓉. 京津冀区域间投入产出表的编制及分析 [D]. 天津财经大学，2017，6.

[29] 李国平. 京津冀产业协同发展的战略定位及空间格局 [J]. 前线，2017，12：92—95.

参考文献

[30] 孙彦明．京津冀产业协同发展的路径及对策[J]．宏观经济管理，2017，9：64—69．

[31] 张杰，郑若愚．京津冀产业协同发展中的多重困局与改革取向[J]．中共中央党校学报，2017，8：37—48．

[32] 方文尧．京津冀产业布局优化与协同发展研究[J]．时代金融，2018，7：80—81．

[33] 周慧琳．深入学习宣传贯彻党的十九大精神 开启我国印刷业绿色化发展新征程[J]．印刷杂志，2017，12：1—5．

[34] 刘晓凯．学习贯彻十九大 推动印刷业智能化发展[J]．印刷杂志，2017，11：1—4．

[35] 刘晓凯．学习宣传贯彻党的十九大精神以数字化发展助推印刷业实现新变革[J]．广东印刷，2018，2：6—9．

[36] 林畅茂．智能化是印刷业发展的必由之路[J]．中国印刷，2017，8：50—52．